SCHLOSS LINDERHOF

AMTLICHER FÜHRER

bearbeitet

von

GERHARD HOJER

und

ELMAR D. SCHMID

mit einem Beitrag von

MANFRED STEPHAN

1999

Bayerische Verwaltung der staatlichen Schlösser,
Gärten und Seen, München

Textlich erweiterte Neuauflage mit erneuertem Bildteil.
Der Text zur Gartenanlage wurde von MANFRED STEPHAN überarbeitet.
Texte *Hundinghütte* und *Marokkanisches Haus* von ELMAR D. SCHMID.
Plan der Parkanlage von NORBERT NORDMANN, Gärtenabteilung der BSV.

Fotonachweis: Bayerische Verwaltung der staatlichen Schlösser, Gärten und Seen, München: S. 7, 25, 31, 35, 42, 48; Bildarchiv Huber, Garmisch-Partenkirchen: S. 53; Achim Bunz, München: S. 55, 57; Fabri, Mailand: S. 32; Martin Herpich OHG, München: S. 17, 30; Elmar D. Schmid, München: S. 43, 45, 46, 47, 50; Schöning (Gebr. Schmidt): Titelbild, Tafel »Venusgrotte/Maurischer Kiosk«, S. 22; Werner Neumeister, München; Illustrationen S. 4, 49: »Gartenlaube« 1886, S. 633, 648/49.

Titelbild: Blick auf Schloß und Wasserparterre

27. Auflage

Gestaltung, Typografie + Satz: Frese, München
Lithographie: ReproLine, München
Druck: Pustet, Regensburg
ISBN 3-932982-23-1
Printed in Germany

INHALT

Linderhof, Illustration von Heinrich Breling, 1886

KÖNIG LUDWIG II. UND LINDERHOF

Als der erst achtzehnjährige Kronprinz Ludwig im Jahre 1864 als König Ludwig II. den bayerischen Königsthron bestieg, lag hinter ihm eine einsame und freudlose Jugend. Veranlagung und Erziehung hatten ihn zu einem Träumer gemacht; Phantasiebilder geschichtlicher Vergangenheit, deutscher Heldensagen und exotischen Lebens entfremdeten ihn in immer stärkerem Maße der realen Welt. Tiefe Enttäuschungen prägten seinen Charakter: 1865 mußte Richard Wagner, dessen Bühnenwerk für Ludwig die Verwirklichung seiner Träume bedeutete, gegen den Willen Ludwigs München verlassen, 1866 wurde Bayern in den schließlich verlorenen Krieg gegen Preußen verwickelt, 1867 endete die Verlobung des Königs unglücklich und im selben Jahr wurde der Bau des Richard-Wagner-Festspielhauses für München, entworfen von Gottfried Semper, zu Fall gebracht. Durch diese Ablehnung wurde zugleich das urbanistische Projekt einer Straße gegen die Isar hin hinfällig, das sich der Ludwig- wie der Maximilianstraße an die Seite hätte stellen können; kein Wunder, daß König Ludwigs II. Interesse an Bauvorhaben in der Residenzstadt München seit dieser Zeit erloschen war.

Die »königliche« Freude am Bauen teilte er mit seinem Vater und Großvater; da ihm die Stadt große Bauprojekte verweigert hatte, suchte er die Einsamkeit der Bergwelt, um seine Baupläne und Bauphantasien zu verwirklichen. In der Tat gab er seit 1867 die Errichtung der Burg Neuschwanstein in Auftrag. Wenn er hier, durch einen Besuch der Wartburg im selben Jahr angeregt, gleichsam die Welt des »Tannhäuser« von Richard Wagner wiedererstehen lassen wollte, so bewog ihn sein Besuch in Versailles, ebenfalls 1867, ein neues Schloß Versailles für sich planen zu lassen. Die konstitutionelle Monarchie stand für ihn, im Gegensatz zu seinem Vater, in unerträglichem Widerspruch zu seiner Idee vom absolutistischen Herrschertum; da er den Absolutismus nicht erneuern konnte, so wollte er ihm wenigstens ein bauliches Denkmal setzen.

»Meicost Ettal« sollte dieses Baudenkmal heißen, Deckname für die Devise Ludwigs XIV. »L'état c'est moi«. 1868/69 entwarf der Architekt Georg Dollmann sieben Projekte für das neue Versailles in Linderhof, und erst 1870 wurde als endgültiger Standort die Insel Herrenchiemsee vorgesehen. Gleichzeitig mit diesem Projekt ließ der König Pläne für einen riesigen byzantinischen Palast, ebenfalls in Linderhof, ausarbeiten, die nie ausgeführt wurden. Statt dessen erbaute Ludwig eine »Königliche Villa«, die als Bautypus auch unter den »Königsschlössern« einzigartig blieb.

Linderhof bewahrte jedoch die Versailler Idee, wenngleich ins Private, um nicht zu sagen Wohnliche transportiert: Dem Umfang nach das bescheidenste Schloß des Königs, war es das einzige, dessen Vollendung er erlebte und das er lange und oft bewohnte. Nur hier ist, im Gegensatz zu Herrenchiemsee und Neuschwanstein, sowohl an der Fassade als auch mehrfach im Inneren das Wappen des Königreiches Bayern angebracht. Auch hier fühlte er sich als »Sonnenkönig«: Im Vestibül steht die Kopie einer Reiterstatue Ludwigs XIV. und seine Devise »Nec pluribus impar«. Diese programmatische Anspielung auf Ludwig XIV. ist nicht zufällig: Seinen Namen konnte Ludwig II. auf die Bourbonen zurückführen, denn sein Großvater und Taufpate Ludwig I. wurde 1776 in Straßburg noch von König Ludwig XVI. von Frankreich aus der Taufe gehoben.

Nicht ein Repräsentationsbau sollte Linderhof sein, sondern, vielleicht angeregt durch das Trianon von Versailles, ein Ort der Zurückgezogenheit, an dem der Monarch geträumte Vergangenheit als Gegenwart empfinden konnte. Aus derselben Idee sind die zahlreichen kleinen Bauten um Schloß Linderhof herum entstanden, Verkörperungen der Einbildungskraft des Königs: Inmitten der Einsamkeit des Graswangtales suchte er im »Maurischen Kiosk« und im »Marokkanischen Haus«, Tschibuk rauchend, die Wunderwelt aus tausendundeiner

König Ludwig II., Porträt von Ferdinand Piloty, 1865

DOVICUS II.
VARIAE REX
DCCCLXV

Nacht erstehen zu lassen, wollte er in der »Hundinghütte« mit seinem Gefolge, auf Bärenhäuten liegend und Met trinkend, den Mythengehalt der »Walküre« nacherleben, wollte er im goldenen Kahn auf dem See der »Venusgrotte« die Verzauberung des »Tannhäuser« und am Karfreitagmorgen in der »Einsiedelei des Gurnemanz« (zerstört) die Weihestimmung des »Parsifal« auf sich wirken lassen. Wie der verzauberte Prinz im Märchen ließ er sich im goldenen Rokokoschlitten bei Linderhof ausfahren, begleitet von Kutscher, Vorreiter und Lakaien in Kostümen des Rokoko.

Blick von der Terrassenanlage auf das südliche Parterre und das Schloß

BAUGESCHICHTE

Neben dem durch Kindheitserlebnisse vertrauten Schwangau war es vor allem das Graswangtal, das Ludwig II. schon als Kronprinz wiederholt bei Ausflügen von Hohenschwangau aus kennengelernt hatte. Sein Vater, König Max II., besaß dort in »Linderhof« ein Jagdhaus. Dieser »Linderhof« war schon im 15. Jahrhundert ein Zehentbesitz des Klosters Ettal, benannt nach der Familie Linder, die ihn betrieb. Der Name leitet sich von einer uralten Linde ab, die – noch heute – merkwürdig unsymmetrisch im sonst streng axial angelegten Garten steht, auf Wunsch des Königs sorgfältig gepflegt und mit einem (nicht erhaltenen) Freisitz versehen.

Das Festhalten am von der Tradition gleichsam geheiligten Bestand charakterisiert auch das erste Projekt für Schloß Linderhof: Nach Erwerb des Geländes rund um die Jagdhütte Maximilians II. im Jahre 1869 wollte der König, wie aus einem Schreiben vom 30. September 1870 mit einer Skizze des Oberstallmeisters Hornig hervorgeht, zunächst nur einen ovalen Salon, flankiert von zwei hufeisenförmigen Räumen, nördlich an das Jagdhaus anbauen. Noch im selben Jahr entstand ein erweiterter Plan, diesmal von Georg Dollmann, Erbauer der Giesinger Kirche in München, seit 1868 Privatarchitekt des Königs, seit 1875 Hofbaudirektor und seit 1881 Oberhofbaudirektor. Dieser Plan verbindet das Königshäuschen mit einem U-förmig um einen Hof gelegenen Gebäudekomplex, der jetzt die im ersten Projekt vorgesehene Raumflucht auf der Seite gegenüber wiederholt. Nördlich, gegen den Berghang, in der Mitte des Komplexes, liegt das Schlafzimmer des Königs, das also jetzt nicht mehr, wie bei der ersten Skizze vom 30. September, im Königshäuschen verbleibt. Im Gegenteil: Es ist nicht nur durch seine zentrale Lage ausgezeichnet, sondern es ist der größte Raum überhaupt. Das Versailler Vorbild ist offensichtlich, und, eindeutiger Beweis für die Abhängigkeit, in Versailles wie in die-

Südliches Gartenparterre mit Bassin

sem Linderhofer Entwurf steht das königliche Paradebett an der Außenwand des Raumes mit Blick gegen den Hof.

Dieser Bau, wie das Königshäuschen ein hölzerner Ständerbau auf verputztem Sockelgeschoß in altbayerischer Art, war 1872 fertig und bestand zwei Jahre lang. 1874 wurde das Königshäuschen abgebrochen und an die heutige Stelle versetzt. Zugleich bekam Schloß Linderhof sein heutiges Aussehen durch den Einbau des Vestibüls und des Treppenhauses in den bisher offenen Hof, darüber des Spiegelsaals und der »Gobelin-Zimmer«, vor allem aber durch Ummantelung des bisher hölzernen Außenbaues mit Steinfassaden. Da die Eisenbahn damals bereits in Weilheim endigte, mußten für die Bauarbeiten alle Materialien in langwierigen Wegtransporten von dort ins Graswangtal geschafft werden. Trotz dieser äußeren Schwierigkeiten wurde der Bau nach dem Willen des Königs mit äußerster Beschleunigung betrieben. Wiederum unter der Leitung des Architekten Georg Dollmann, der später auch Herrenchiemsee erbaute, wurde das Schloß 1878 vollendet.

Die »königliche Villa«, wie das kleine, im Stil des 18. Jahrhunderts ausgestattete Refugium des menschenscheuen Königs anfangs hieß, wurde im Gegensatz zu Herrenchiemsee keine Kopie eines bereits bestehenden Baues; das Schlößchen »Petit Trianon« im Versailler Park, das vielleicht die erste Anregung gab, hatte für Linderhof kaum mehr als typenmäßige Bedeutung. Jedoch gibt es unmittelbare Vorläufer eines Sommerschlosses mit umgebendem Park im Gebirge: Abgesehen davon, daß der österreichische Kaiser schon seinen Sitz in Bad Ischl inmitten eines englischen Landschaftsgartens in eine großartige Bergszenerie hatte bauen lassen, scheint insbesondere die Villa Berg in Stuttgart für die Anlage von Linderhof vorbildlich geworden zu sein; diese Villa war 1845 bis 1853 für Königin Olga von Württemberg errichtet worden. Auch die Raumdekoration des »Style Louis XV.« war schon 1842 im Stadtpalais Liechtenstein in Wien verwirklicht worden; Leon Feuchère publizierte im selben Jahr sein Buch »L'art Industriel« mit gestochenen Wandaufrissen des »Style Pompadour«. Dieses Werk befand sich übrigens in der Bibliothek König Ludwigs II.

Im Gegensatz zur bisher vertretenen Auffassung sind die Entwürfe für die Innenausstattung von Linderhof im Stil des »Louis XV.« das Werk des Architekten G. Dollmann; sie haben sich in Wandabwicklungen erhalten. Einzelentwürfe, etwa für ganze Plafonds, lieferte der Bühnenbildner Christian Jank; Details stammen vielfach von Franz Seitz, dem Direktor des Münchner Hoftheaters, der schon einen großen Teil der Innendekorationen für Ludwigs Appartements in der Münchner Residenz entworfen hatte. Adolph Seder entwarf Parkettbodenintarsien und Kamine ebenso wie einen großen Teil der Möbel und Porzellane. Inwieweit Ansichten und Details der Innenräume von Julius Lange, Joseph de la Paix und Ferdinand Knab lediglich Ideen der Architekten in farbige Ansichten umsetzten oder doch eigene Erfindungen darstellen, bleibt noch zu untersuchen.

Obwohl 1878 das Schloß bereits vollendet war, ließ der König 1884 noch einmal durch seinen Architekten Julius Hofmann, der Georg Dollmann verdrängt hatte, eine wesentliche Umänderung vornehmen: das königliche Schlafzimmer wurde nach Plänen Hofmanns unter der Bauleitung Eugen Drollingers erweitert und neu ausgestattet. Es war beim Tod des Königs 1886 noch unvollendet und wurde 1887 in vereinfachter Form vollendet.

Gleichzeitig mit dem Bau entstand unter der Leitung von C. v. Effner der große, außerordentlich kunstvoll ausgestattete Schloßgarten, der mit Skulpturen reich geziert, um 1880 fertiggestellt wurde. Nach barockem Vorbild beabsichtigte der König, diese Anlagen und darüber hinaus auch die südlich anschließenden Waldgebiete mit architektonischen Denkmälern zu schmücken.

Das erste dieser Bauwerke bildete der bereits 1876 gekaufte »Maurische Kiosk« (S. 49). Als Ergänzung dazu gelangte ein »Marokkanisches Haus« 1878–1879 im oberen Graswangtal zur Aufstellung; 1886 verkauft, wurde es unlängst von der Bayerischen Schlösserverwaltung zurückerworben. Seit 1998 kann es nach grundlegender Restaurierung im Schloßpark Linderhof besichtigt werden (S. 55). Zu diesen exotischen Denkmälern kamen jene gebauten Theaterszenerien, die den Musikdramen Richard Wagners entlehnt waren. Von diesen ist nur die 1876–1877 am Abhang des Hennenkopfes errichtete »Venusgrotte« (S. 48) als monumentales Bühnenbild aus dem »Tannhäuser« im Original erhalten geblieben. Die gleichzeitig gebaute »Hundinghütte«, jene realistische Wiederholung des Szenenbildes der »Walküre« (nach dem Bühnenentwurf von Chr. Jank für die Uraufführung 1869) inmitten der Einsamkeit des Hochgebirgswaldes und die benachbarte, an einer »blumigen Karfreitagswiese« gelegene Einsiedelei des Gurnemanz (3. Akt von Wagners »Parsifal«) wurden in den letzten Apriltagen 1945 durch Brand und Plünderung zerstört. Die »Hundinghütte« konnte im Schloßpark Linderhof in originaler Form rekonstruiert werden und ist dort seit 1990 zu besichtigen (S. 52). Alle sonstigen, vom König vorgesehenen Parkbauten kennen wir nur aus Plänen, Zeichnungen, Aquarellen oder Modellen. Aus dem Jahre 1875 sind Projekte für einen »Arabischen Pavillon« und für eine Schloßkapelle im Barockstil (von F. Knab und G. Dollmann) erhalten. Seit 1871 wurde von den gleichen Künstlern ein Schauspielhaus nach dem Vorbild des (von Fr. Cuvilliés d. Ä. 1751–53 errichteten und 1955–58 wiederhergestellten) Alten Residenztheaters in München geplant, das dem König seine »Sonderaufführungen« auch in Linderhof ermöglichen sollte. Wiederum nach einem Vorbild von Cuvilliés, nach der Amalienburg im Nymphenburger Park, war jenseits der Landesgrenze auf Tiroler Boden (nach dem Entwurf von J. Hofmann) ein Lustschlößchen, der »Hubertuspavillon«, in Aussicht genommen; nach 1886 wurde der schon bestehende Rohbau wieder abgebrochen. Zwei gigantische, im Todesjahr Ludwigs II. von Hofmann entworfene Projekte, eine frühmittelalterliche Burgenanlage im Graswangtal und ein chinesischer Palast am Plansee, sind die letzten Zeugen der bis zuletzt rastlosen Bauleidenschaft des Königs.

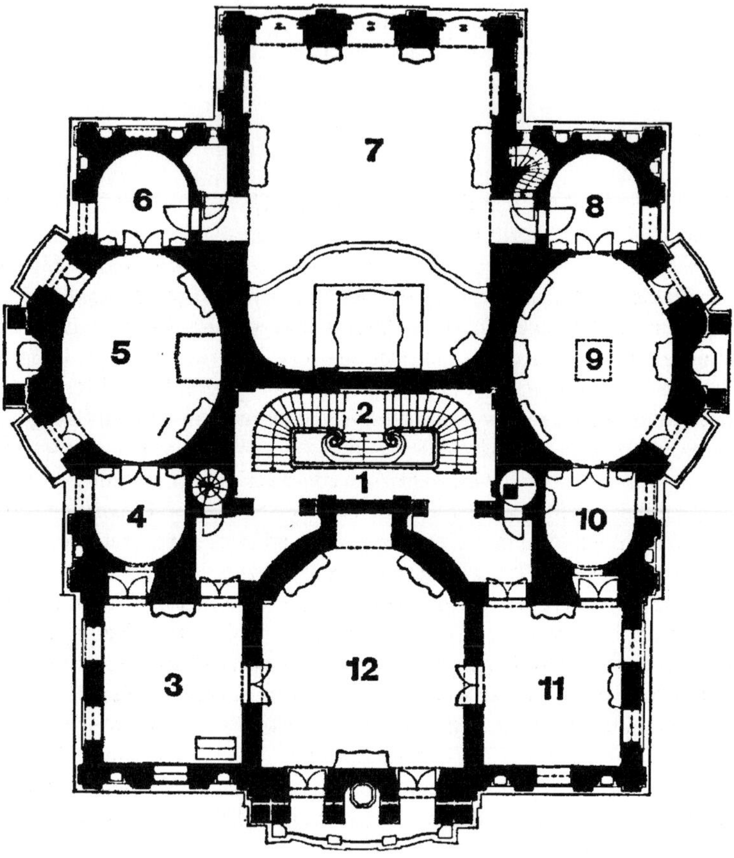

Schloß Linderhof, Grundriß des Hauptgeschosses

1 Vestibül
2 Treppenhaus
3 westliches Gobelinzimmer
4 Gelbes Kabinett
5 Audienzzimmer
6 Lila Kabinett
7 Schlafzimmer
8 Rosa Kabinett
9 Speisezimmer
10 Blaues Kabinett
11 östliches Gobelinzimmer
12 Spiegelsaal

DER SCHLOSSBAU

Auf einem Sockelgeschoß aus rustizierten Quadern steht das durch Fenster, Figuren, gebänderte Pilaster, Fensterbekrönungen und Trophäen über den Nischen reich gegliederte Hauptgeschoß, das mit einer Balustrade abschließt. Die drei Mittelachsen der Hauptfassade springen als Risalit kräftig vor. Der Balkon dieses Risalits wird von Hermen im Erdgeschoß getragen, welche drei rundbogige Portale flankieren; den Portalen entsprechen im Obergeschoß zwei Rundbogenfenster zu Seiten einer gleich hohen Figurennische. Die Öffnungen flankieren komposite gebänderte Freisäulen, hinter deren von Figuren bekröntem Kämpfergebälk eine Attika mit Ochsenaugenfenstern aufsteigt. Diese Attika schließt mit einem geschweiften Giebel ab, auf dem Freifiguren stehen und dessen Giebelfenster ein Relief des von Genien gehaltenen bayerischen Wappens enthält.

Die langen Flanken des Bauwerkes gegen Osten und Westen zu gehören als Schauseiten zu den vor ihnen liegenden seitlichen Gartenparterres. Die Fassadengliederung entspricht im Prinzip der Hauptfassade. Der Risalit des außen polygonal vortretenden ovalen Raumes auf jeder Seite ist allerdings wegen der beiden unsymmetrisch angefügten Südachsen aus der Fassadenmitte verschoben. Die Mittelnische des von Attika und Giebeln abgeschlossenen Risalitpolygons steht jedoch ihrerseits in der Flucht der Mittelachse des seitlichen Gartenparterres.

An der gleichfalls durch gebänderte Pilaster, Rechteckfenster und kleine Figurennischen gegliederten Nordfassade gegen den Berg hin ist der kräftig vorspringende dreiachsige Vorbau des Schlafzimmers durch ein der Vorderseite entsprechendes Attikageschoß mit Pilastern und ovalen Blindfenstern überhöht.

Hauptfassade: Die vergoldeten schmiedeeisernen Tür- und Balkongitter von P. Kölbl. – Steinskulpturen; hier und an den übrigen Fassaden lothringischer Kalkstein (Savonnières): In der Mitte »Viktoria« von Fr. Walker; Nischenfiguren seitlich des Mittelrisalits von Ph. Perron und Th. Bechler: »Lehrstand«, »Wehrstand«, »Rechtspflege« und »Nährstand«. – Zinkguß-Figuren: Die den Giebel bekrönende Atlas-Figur von Fr. Walker, die übrigen Figuren von Ph. Perron. – Figuren auf den Gebälken: Zwei Genien mit Lorbeerkränzen (über den Mittelsäulen) und zwei Puttenpaare über den seitlichen Zwillingssäulen (»Musik«, »Dichtkunst«, »Plastik« und »Architektur«). Im Giebel: Wappen des Königreichs Bayern, von zwei tubablasenden Famafiguren flankiert. Neben dem Giebel: »Ackerbau« und »Handel« – »Wissenschaft« und »Industrie«.

Steinfiguren der übrigen Fassaden: Ostfassade: »Venus« (von Fr. Walker) – »Reichtum« und »Friede«. – Westfassade: »Apollo« (von Fr. Walker) – »Dichtkunst und Musik«. – Rückwärtige Fassade: »Beständigkeit«, »Gerechtigkeit«, »Großmut« und »Stärke« (von Ph. Perron und Th. Bechler).

DIE SCHLOSSRÄUME

1 VESTIBÜL

Die Säulen und Pilaster des niedrigen, flachgedeckten Raumes sind aus Adneter »Rot-Scheck«-Marmor. – Die vergoldeten Stukkaturen der Decke zeigen ein Sonnenhaupt im Strahlenkranz mit der Devise der Bourbonen »NEC PLURIBUS IMPAR« (»Auch vielen gewachsen«). – Ebenfalls auf die Bourbonen spielt die bronzene Reiterstatuette an, eine verkleinerte Nachbildung des Standbildes Ludwigs XIV. von Frankreich, das die Stadt Paris im Jahr 1699 von François Girardon auf der Place Vendôme errichten ließ. Auf dem schwarzen Marmorsockel lateinische Inschriften sowie die Wappen von Frankreich und Paris aus vergoldeter Bronze.

Stukkaturen an der Decke des Vestibüls

2 TREPPENHAUS

Die Säulen und Pilaster im Vorraum sind aus Adneter »Rot Urbano«, die Wandverkleidung besteht aus südfranzösischem »Jaune du Var«-Marmor (aus der Umgebung von Nizza). – Die sich aus einem Mittellauf zweiflügelig entwickelnde Treppe ist eine verkleinerte Reminiszenz an die »Gesandten-Treppe« des Versailler Schlosses. Die Stufen bestehen aus Carrara-, die Marmorsäulen und Marmorpilaster des Hauptgeschosses aus Adneter »Rot Urbano«-Marmor. – Die vergoldeten Stukkaturen wurden von Ph. Perron entworfen. Das verglaste Oberlicht des Treppenhauses, das in großem Maßstab in Herrenchiemsee wiederkehrt, ist eine typische Bauform der zweiten Hälfte des 19. Jahrhunderts und ein Beweis für die Berücksichtigung moderner Errungenschaften in den Bauten Ludwigs II. trotz aller Rückbesinnung auf die Bauformen vergangener Zeiten.

Die *Vase* im Vorraum mit der Darstellung von »Esther und Ahasver« von Elise de Maussion (nach J. de Troy) stammt aus der Manufaktur Sèvres und war angeblich ein Geschenk von Kaiser Napoléon III. an König Ludwig II. – Am Treppenbeginn stehen zwei gekrönte Löwenfiguren, die das bayerische Rautenwappen halten. Daneben stehen zwei Cloisonné-Vasen, China, 19. Jahrhundert, mit reicher farbiger Ornamentik in Zellenschmelz-Technik.

3 WESTLICHES GOBELINZIMMER (MUSIKZIMMER)

Es wurde von G. Dollmann 1874 entworfen. Das übergeordnete Thema des Raumes sind die »Fêtes galantes«, wie sie besonders A. Watteau im frühen 18. Jahrhundert gemalt hat. An seine Darstellungen lehnen sich dementsprechend auch die Gesellschafts- und Schäferszenen der großen Wandbilder an, die auf grobe Leinwand gemalt sind, um den Eindruck von Wirkteppichen zu erwecken. Sie stammen von H. von Pechmann und zeigen »Blumenopfer vor dem Altar Amors«, »Gesellschaft im Freien«, »Schäferpaar am Brunnen« und »Schäferinnen mit Dudelsackpfeifer«. Die vergoldeten Schnitzereien der Vertäfelungen stammen von Ph. Perron und zeigen auf einem Grund von Rauten, die auf Bayern anspielen, Embleme der Bukolik: Feldarbeit und Schäferei. Puttengruppen in Stuck über den Türen (bez. Schmidt) symbolisieren die Künste: »Musik«, »Malerei« und »Geschichte«. Das Deckengemälde von W. Hauschild stellt Apollo dar, der die von Putten und Najaden geleitete Venus im Muschelwagen empfängt, eine Allegorie des »Abends«. – Intarsienfußboden. – Kamin (mit vergoldeten Bronzeappliken) und Türgewände aus Tegernseer Marmor.

Einrichtung: Aeolodion, ein Musikinstrument, das Klavier und Harmonium kombiniert; das Gehäuse stammt von Ph. Perron nach Entwurf von A. Seder 1871, das Werk von der Firma Schramm in München. – Der lebensgroße Pfau aus bemaltem Porzellan stammt aus der Manufaktur Sèvres. – Die »Apotheose Ludwigs XIV. von Frankreich« aus Carrara-Marmor auf dem Kamin schuf Ph. Perron. – Die Bezüge der geschnitzten und vergoldeten Sitzmöbel wurden ebenso wie die Vorhänge in der Pariser Gobelin-Manufaktur verfertigt.

4 GELBES KABINETT

Ähnlich wie die anderen hufeisenförmigen Kabinette, die einen ovalen Mittelsalon flankieren, so ist auch hier die Atmosphäre eines Raumes der Zeit König Ludwigs XV. von Frankreich heraufbeschworen. Dem »Style Louis XV.« entspricht die zarte Farbigkeit des gelben Seidengrundes mit gestickten Ornamenten, die ebenso im »mondhaften« Silberton gehalten sind wie die geschnitzten Rocaillen auf dem hellblauen Grund der Vertäfelungen und die versilberten Stukkaturen in der Hohlkehle der blaugrau gefaßten Decke. Sie zeigen Allegorien der vier Erdteile (in Gestalt von Tieren) und der vier Elemente, sowie Tierkreiszeichen. Der Entwurf für die Decke stammt von Chr. Jank 1871. – In die Vertäfelung sind Lisenenspiegel mit Meißener Porzellanwandleuchtern eingelassen, die mit bunten Schäferszenen bemalt sind. – Die Vorhänge sind aus gelber Seide mit reicher Silberstickerei.

Einrichtung: Auch die Bilder nehmen auf die Welt Ludwigs XV. Bezug, insbesondere das Bild über der Ausgangstür: »Einschiffung auf die Insel Cythera«, nach Vorbild A. Watteaus gemalt von B. Fries. – Die Pastellbildnisse von A. Gräfle mit geschnitztem und versilbertem Rahmen nach Entwurf von Fr. Seitz zeigen Persönlichkeiten des Pariser Hofs aus der Zeit des Rokoko: Herzog Moritz von Sachsen, Marquise von Créqui, Herzog von

Belle-Isle und Herzogin von Egmont-Pignatelli.
Durch das Fenster Blick auf den westlichen Parterregarten (vgl. Seite 39).

5 AUDIENZZIMMER

Der grundlegende Entwurf (1870/71) stammt von Chr. Jank. Trotz des ausgesprochen intimen, also privaten Charakters der Linderhofer Räume wollte König Ludwig II. nicht ganz auf zentrale Räume des Hofzeremoniells verzichten, da nur diese das absolutistische Königtum anschaulich vergegenwärtigen. Dem Audienzzimmer maß er besondere Bedeutung zu, was sich in ungewöhnlich deutlichen Hinweisen auf das bayerische Königtum (Im Lunettenstuck – von Fr. Walker) äußert: Die Figur der »Bavaria« ist über dem Thronbaldachin dargestellt; das bayerische Wappen, von Fama-Figuren gehalten, bekrönt beide Türen und das hier wirklich auf Ludwig II. bezogene »L« erscheint an der Fensterwand gegenüber dem Thronbaldachin.

Das bayerische Wappen in Nadelmalerei von D. und M. Jörres bildet auch das zentrale Motiv des Thronbaldachins (Entwurf von Fr. Seitz), dessen Hermelinfutter angeblich von dem Krönungsmantel König Ottos von Griechenland (des Onkels König Ludwigs II.) stammt. Die Bezüge der geschnitzten und vergoldeten Sitzmöbel und die Fenstervorhänge bestehen aus grünem Samt mit Goldstickerei. Die Stukkaturen der Decke schuf Th. Bechler: Embleme von Krieg und Frieden, Musik und Malerei. In den schmalen Wandfeldern der Vertäfelung geschnitzte und vergoldete Embleme von Ph. Perron: »Wissenschaft und Kunst«, »Handel und Gewerbe«, »Weltliche Herrschaft« und »Geistliche Herrschaft«. Der Rautenhintergrund verweist deutlich darauf, daß es sich hier um die Verherrlichung der königlichen Herrschaft in Bayern handelt. Auf ihre zeitliche Dimension verweist die Darstellung der vier Jahreszeiten über den Türen: »Frühling« und »Sommer« (von B. Fries) und an der Fensterwand: »Herbst« und »Winter« (von H. von Pechmann). Das absolutistische Königtum der Bourbonen beschwören die Lunettenbilder herauf: »Versailles« (von Chr. Jank und J. Watter), »Souper Ludwigs XV. in Versailles« (J. Watter), »Empfang der türkischen Gesandtschaft« (von F. Knab und

J. Watter) und »Hochzeit des Dauphin in der Schloßkapelle zu Versailles« (R. S. Zimmermann). – Die Kamine sind aus Bardiglio-Marmor (aus der Gegend von Carrara).

Einrichtung: Schreibgarnitur mit bayerischem Wappen nach Entwurf von A. Seder aus vergoldeter Bronze. – Auf dem geschnitzten und vergoldeten Konsoltisch der Fensterseite Stückuhr aus vergoldeter Bronze. – Reiterstatuetten Ludwigs XIV. und Ludwigs XV. aus vergoldeter Bronze auf Marmorsockeln, ausgeführt von A. Halbreiter nach Denkmälern in Paris, die in der Französischen Revolution zerstört wurden. – Geschnitzte und vergol-

Blick vom Audienzzimmer in das Lila Kabinett

dete Sitzmöbel nach Entwurf von Fr. Seitz; sie sind mit goldgesticktem grünen Samt, aus dem auch die Vorhänge sind, bezogen. – Zwei Rundtischchen mit Malachitplatten, Geschenk der Zarin Marie Alexandrowna an König Ludwig II.

6 LILA KABINETT

Die Stukkaturen des hufeisenförmigen Raumes wurden von Chr. Jank 1871 entworfen, von Fr. Walker ausgeführt. In die weiß-goldene Vertäfelung sind Lisenenspiegel (mit Meißener Porzellanwandleuchtern) eingelassen; die (erneuerte) Seidenbespannung ist lila. In den vergoldeten Stukkaturen der Hohlkehle findet sich der Namenszug Ludwigs (hier wohl Louis XV. von Frankreich), dazwischen Kartuschen mit Götterfiguren: Jupiter, Flora, Mars und Apollo. Die Embleme der Hohlkehle versinnbildlichen die Astronomie, den Ackerbau, den Weinbau, das Kriegshandwerk, den Gewerbefleiß, die bildende Kunst und die Dichtung. Das Gemälde über der Eingangstür »Gesellschaft im Freien« stammt von B. Fries. Die goldbestickten Bezüge der geschnitzten und vergoldeten Sitzmöbel und die Vorhänge sind wie die (erneuerte) Wandbespannung ebenfalls aus lila Seide.

Einrichtung: Die vier Pastellbildnisse in reichgeschnitzten Goldrahmen malte A. Gräfle; sie stellen dar: Herzogin Marie Anne von Châteauroux, König Ludwig XV. von Frankreich, Marquise de Pompadour und Herzog Etienne François von Choiseul-Stainville.

7 SCHLAFZIMMER

1871 hat der Maler Angelo Quaglio einen Entwurf in Farbe vorgelegt, der die Wanddekoration nach Entwurf Dollmanns, die Hohlkehle nach Entwurf Chr. Janks und das Prunkbett sowie die Stickerei der Panneaux nach der Idee von F. Seitz zusammenfassend wiedergibt. Den Entwurf für das Deckenbild lieferte Chr. Jank 1871, den Entwurf für den Fußboden wahrscheinlich A. Seder. Schon 1872 wurde das Schlafzimmer nach Norden um eine Achse verlängert; durch J. Hofmann und E. Drollinger wurde es 1884 völlig neu gestaltet. An Stelle einer Dekoration, die ganz allgemein den Geschmack des Louis XV. imitierte, wurde jetzt das Schlafzimmer der »Reichen Zimmer« in der

Münchner Residenz zum direkten Vorbild genommen. Bei aller Ähnlichkeit, insbesondere des Bettalkovens mit seinen prunkvollen Goldstickereien bleiben doch entscheidende Unterschiede: besonders augenfällig ist das Auftreten von Deckenfresken in Linderhof, die das Cuvilliés-Vorbild nicht kennt.

Von den drei nach Norden liegenden Fenstern hat man einen Blick auf die Kaskade am Nordhang des »Hennenkopfes«.

Weiße Vertäfelung mit vergoldeten Schnitzereien. Die Türgewände sind aus italienischem, die zwei Kamine (mit vergoldeten Bronzeappliken) aus französischem Marmor. Die vergoldeten Deckenstukkaturen sind von J. Rappa und J. Giobbe: »Meleager und Atlante«, »Amor und Psyche« und »Diana und Endymion«. Der Bettalkoven ist durch eine geschnitzte und vergoldete Balustrade abgetrennt; seine reiche Goldstickerei auf blauem Samt stammt von J. Bornhauser. Von der Stickerei der Samtbespannung am Bett, die D. und M. Jörres ausführten, wurde bis zum Tode des Königs nur mehr das Königswappen (in Nadelmalerei) fertiggestellt. An der Rückwand des Bettbaldachins bayerisches Wappen mit posaunenblasenden Genien. Das Deckengemälde im Hauptraum stammt von A. Spieß und stellt die Apotheose Ludwigs XIV. dar; das Gemälde über der Bettnische malte L. Lesker; sein Thema ist die »Allegorie des Morgens«. Zwei Supraportengemälde sind von J. Benczur und stellen das »Lever« (Morgenempfang) Ludwigs XIV. im Schlafzimmer zu Versailles und die Vermählungsfeier des Dauphin in der Spiegelgalerie zu Versailles dar. Die beiden anderen Supraportengemälde stammen von K. Otto und stellen dar: »Karussell im Park zu Versailles« und »Abendempfang (›Coucher‹) Ludwigs XIV.«. – Die Konsoltische und Spiegelrahmen an den Fensterpfeilern sind aus Meißener Porzellan (mit Putten, Blumen und Wandleuchtern) nach Entwürfen von E. Drollinger.

Einrichtung: Mächtiger Glaslüster mit 108 Kerzen von der Firma Lobmeyer in Wien. – Betstuhl mit Nadelmalerei von D. und M. Jörres mit Darstellung des Heiligen Georg. – Weihwassergefäß. – Standleuchter (vergoldete

Schnitzarbeiten und Bronze). – Marmorfiguren (Carrara-Marmor): Auf den Kaminen »Entführung der Helena« und »Raub der Proserpina« (von F. Walker). – Auf den Konsoltischen »Apoll von Belvedere« und »Diana von Versailles« (von A. Kaindl). – Zwei Nymphenburger Vasen mit Goldgrund nach ostasiatischem Vorbild (vergoldete Metallguß-Untersätze).

8 ROSA KABINETT

Ehemals Ankleidezimmer des Königs. Es gehört zu den drei östlich gelegenen Räumen, die schon 1872 umgebaut wurden, wobei hauptsächlich das ovale Speisezimmer in der Mitte Veränderungen erfuhr.

Die Deckengemälde mit den spielenden Amoretten entwarf Chr. Jank; ausgeführt wurde es von A. Schultze. – In die weiße Vertäfelung mit vergoldeten Schnitzereien und Konsolen sind Lisenenspiegel (mit Meißener Porzellanwandleuchtern) eingelassen. Im übrigen sind die Wände mit rosafarbener Seide bespannt. In der Hohlkehle vergoldete Stukkaturen mit freihängenden Blumengirlanden. –

Einrichtung: Die vier Pastellbildnisse (in vergoldeten Schnitzrahmen) malte A. Gräfle. Dargestellt sind Beatrice de Choiseul-Stainville, Herzogin von Gramont; Augustin de Maupeau, Kanzler von Frankreich; Gräfin Jeanne Marie Dubarry und Herzog Caesar Gabriel de Choiseul. – Geschnitzte und vergoldete Sitzmöbel, mit rosafarbenen gemusterten Seidendamasten bezogen.

9 SPEISEZIMMER

Der Raum erhielt seine endgültige Gestalt 1872. Die Schnitzereien der Vertäfelung in Weiß und Gold schuf Ph. Perron. Sie stellen die Gewinnung der Erzeugnisse dar, die die Grundlage der fürstlichen Tafel bilden: Gartenbau, Jagd, Fischerei und Landwirtschaft. Diesem Thema entsprechen die Stukkaturen der Decke, für die Vorentwürfe von Chr. Jank 1870–1872 gefertigt wurden und die Th. Bechler ausführte. Die vollplastischen vergoldeten Puttengruppen stellen dar: Getreide- und Weinernte, Blumenzucht, Gartenbau, Jagd und Fischfang. Die in vierpaßförmige Stuckrahmen in das Oval der Decke gesetzten Gemälde »Flora«, »Amor und Psyche« stammen von E. Schwoiser; »Venus und

Rosa Kabinett

Bacchus« und »Venus mit Amor« malte A. v. Heckel. Nach barockem Vorbild geht an verschiedenen Stellen die Malerei in palstische Darstellung über. Von A. von Heckel stammt auch eines der Gemälde über den Türen, die »Entthronung der Athalia«. Das andere malte L. Thiersch; beide Bilder orientieren sich an Vorbildern von J. de Troy. – Über den zwei Kaminen (Tegernseer Marmor) und über dem Konsoltisch des Fensterpfeilers Wandspiegel mit reicher Schnitzumrahmung.

Einrichtung: In der Mitte des Zimmers versenkbares »Tischlein-deck-dich« mit Meißener Porzellanaufsatz. Der Tisch kann, nach Vorbildern im Frankreich des 18. Jahrhunderts, mit Hilfe eines Gestänges ins Erdgeschoß versenkt und wieder heraufgehoben werden. So konnte der König, ohne von Dienerschaft gestört zu werden, alleine speisen. – Die Entwürfe der Möbel stammen von Fr. Seitz: Reichgeschnitztes und vergoldetes Prunkbüfett; Sitzmöbel mit rotem Seidenplüsch, goldbestickte Vorhänge. – Vielarmige Lüster aus Meißener Porzellan. – Fr. Brochier lieferte die Entwürfe für das schifförmige vergoldete Bronzegefäß auf dem Kamin, das das Besteck des Königs aufnahm. – Marmor-Statuette der Venus Medici, Nachbildung von J. Gröber.

10 BLAUES KABINETT

In der weißen Vertäfelung mit vergoldeten Schnitzereien Lisenenspiegel (mit Meißener Porzellanleuchtern), blaue Seidenbespannung (mit Goldschnitzerei) und Bild über der Eingangstür in der Art F. Bouchers von J. Frank »Leda mit dem Schwan«. – Die vergoldeten Stukkaturen der Hohlkehle stammen von Th. Bechler und stellen Embleme der Musik dar. Das Deckengemälde schuf L. Gebhardt: Musizierende Amoretten.

Die vier *Pastellgemälde* in vergoldeten Schnitzrahmen malte, wie schon in den anderen Kabinetten, A. Gräfle. Sie stellen Personen des französischen Hofes unter Ludwig XV. dar: Gräfin Julie von Molly-Nesle; Louis François Armand Duplessis, Herzog von Richelieu (Großneffe des berühmten Staatsmannes); Gräfin Pauline Felicité von Ventimille und Germain Chanvelin.

Blick vom Blauen Kabinett ins Speisezimmer

»Apollo und Aurora«, Deckenbild im östlichen Gobelinzimmer

11 ÖSTLICHES GOBELINZIMMER

Der Entwurf für das östliche entstand ebenso wie der für das westliche Gobelinzimmer im Jahre 1874 und stammt von G. Dollmann.

Entsprechend dem westlichen Gobelinzimmer sind auch hier gerahmte, auf grobe Leinwand gemalte Bilder als Imitation von Gobelins in die vergoldete Vertäfelung eingesetzt. Die Schnitzerei der Vertäfelung mit den Allegorien von »Krieg« und »Friede« stammt von Ph. Perron. Die Wandbilder malte H. von Pechmann. Sie zeigen: »Diana und Endymion«, »Boreas raubt Oreithyia«, »Triumphzug des Bacchus« und »Europa auf dem Stier«. Die Puttengruppen über den Türen stellen Allegorien der »Bildhauerei«, »Architektur« und »Astronomie« dar. – Das Deckengemälde von W. Hauschild mit »Apollo und Aurora« symbolisiert den Morgen. Die Stukkaturen der Hohlkehle stammen von Th. Bechler. Der eingelegte Parkettfußboden ist

Sofa aus dem östlichen Gobelinzimmer

ein Werk A. Lindners. Der Kamin (mit vergoldeten Bronzezieraten) und die Türgewände sind aus schwarzem belgischem Marmor; der Kaminspiegel trägt einen vergoldeten Schnitzrahmen. – Die Bezüge der Sitzmöbel und die Vorhänge stammen aus der Pariser Gobelinmanufaktur.

Einrichtung: Lebensgroßer Pfau aus Sèvres-Porzellan. – Auf dem vergoldeten Pfeilertisch eine Reiterstatuette aus Meißener Porzellan, darstellend Kurfürst August den Starken von Sachsen. – Auf dem Kamin eine Marmorgruppe der »Drei Grazien« (Carrara-Marmor) von Th. Bechler.

12 SPIEGELSAAL

Sein Entwurf entstand aus der Zusammenarbeit des Architekten G. Dollmann und des Theatermalers Joseph de la Paix im Jahre 1874. Vorbild war das Spiegelkabinett in den Reichen Zimmern der Münchner Residenz, das in Linderhof ins Prunkvolle gesteigert und dem ein Deckenbild hinzugefügt wurde. Die für König Ludwig II. geschaffenen Spiegelkabinette in Linderhof und Herrenchiemsee repräsentieren zum letzten Mal eine Raumform, die bereits im 18. Jahrhundert in Süddeutschland (Bamberg, Würzburg, Ansbach, München) zu hoher Vollendung entwickelt worden war. Die großen, in die weiß-goldene Vertäfelung eingesetzten Wandspiegel, die eine endlose Flucht von Räumen vortäuschen, sind von reich vergoldetem Schnitzwerk (mit Ornamenten, leuchtertragenden Putten und Konsolen) gerahmt. Die Vertäfelung schnitzte Ph. Perron, der auch den Entwurf für den plastischen Schmuck der Decke lieferte. Die beiden Kamine sind mit La-

Tischplatte im Spiegelsaal

pislazuli verkleidet und mit vergoldeten Bronzeornamenten verziert. Die Gemälde über den Türen zeigen Szenen aus dem französischen Hofleben der absolutistischen Zeit: »Empfang der venezianischen Gesandtschaft durch Ludwig XIV.« (von R. Lehmann). – »Parforcejagd unter Ludwig XV.« (von J. Benczur). – In der vergoldeten Stuckhohlkehle vollplastische Puttengruppen und Kartuschen mit Szenen aus dem Mythos von »Amor und Psyche«, darüber Deckengemälde mit der Darstellung der »Geburt der Venus« (von E. Schwoiser). Das Deckenbild in der verspiegelten Nische stammt von Fr. Widenmann und stellt das »Urteil des Paris« dar. –

Einrichtung: Der Entwurf der Möbel stammt von A. Seder, die Ausführung von A. Pössenbacher. – Es gibt nur einen geschnitzten und vergoldeten Konsoltisch; alle übrigen Möbel sind mit Rosenholz furniert und mit vergoldeten Bronzeornamenten verziert. Der Mitteltisch hat eine Platte mit Einlegearbeiten in Lapislazuli, Amethystquarz und Chalzedon; das von Genien gehaltene bayerische Wappen ist in Glasmosaik ausgeführt. – Der Schreibtisch und die beiden Spieltische tragen Porzellangemälde; die letzteren stellen dar: »Spielpartie unter Ludwig XV. in der Galerie zu Versailles« und »Krönung Ludwigs XVI. in der Kathedrale zu Reims« (nach J. M. Moreau d. J.). – Die Bezüge der Sitzmöbel und Vorhänge sind aus silberdurchwirktem hellblauem Seidenrips. – Die Pendule auf dem Büchergestell stammt aus dem 18. Jahrhundert und wurde von Ludwig II. in der Schweiz erworben; ihr Birnholzmaser-Gehäuse ist mit vergoldeten Bronzeornamenten verziert. – Aus der Manufaktur Meißen kommen die Porzellanleuchter auf dem Schreibtisch und das Schreibzeug, das eine vergrößerte Nachbildung des in Sèvres gearbeiteten Schreibzeuges der Königin Marie Antoinette von Frankreich darstellt. – Aus Sèvres-Porzellan sind die beiden Vasen auf dem Büchergestell mit mythologischen Szenen. – Aus Carrara-Marmor sind die Figuren Ludwigs XV. (von A. Heß) auf dem Schreibtisch sowie die beiden Gruppen von Ph. Perron: »Apollo im Bade der Thetis« und »Die Sonnenrosse des Apoll«. – Der Teppich unter dem Tisch vor dem Alkoven ist aus Straußenflaumfedern. – Der Elfenbeinlüster darüber (mit 16 Armen) wurde nach Entwurf von J. Hofmann von Ph. Perron ausgeführt. – Der Kristallüster stammt von der Firma Lobmeyer in Wien.

Östliches Parterre der Gartenanlage

Blick vom nördlichen Bassin auf die Schloßanlage ►
Carl von Effner, Plan zur Gartenanlage von Schloß Linderhof, um 1874 ►►

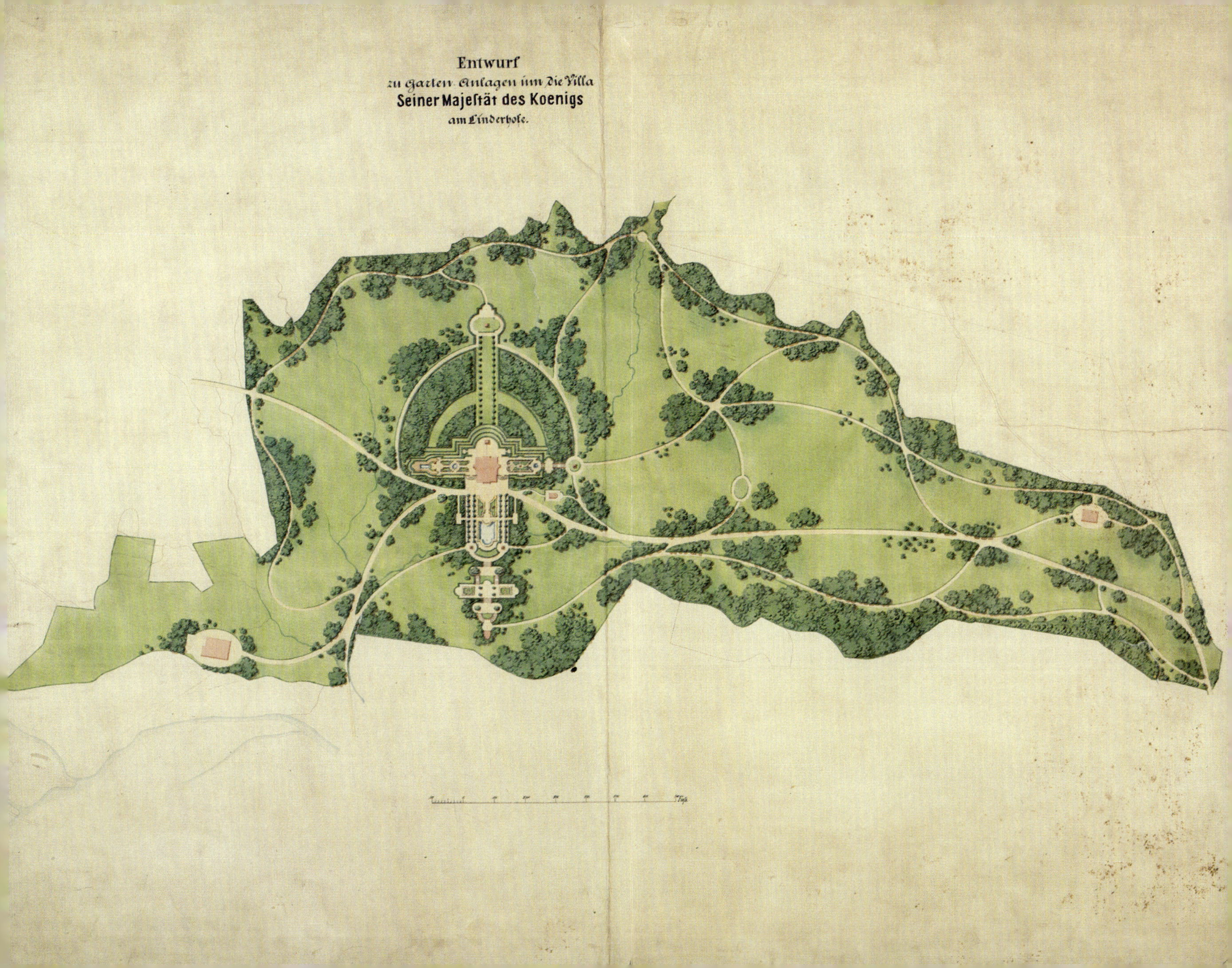
Entwurf
zu Garten-Anlagen um die Villa
Seiner Majestät des Koenigs
am Linderhofe.

GARTENANLAGE

Die in Klammern gesetzten Ziffern beziehen sich auf den Übersichtsplan am Schluß des amtlichen Führers.

Die etwa 50 ha umfassenden gärtnerischen Anlagen in Linderhof stehen in einer Entwicklungslinie mit den bürgerlichen Villengärten der Gründerzeit, wenngleich sie diese in Größe und Ausstattung – den finanziellen Möglichkeiten eines königlichen Bauherrn entsprechend – natürlich weit übertreffen. Charakteristisch für sie ist die Verwendung verschiedener Stilelemente. In Linderhof findet man nebeneinander barockisierende Gartenräume, Bereiche, die sich an die italienische Renaissance anlehnen und schließlich einen landschaftlichen Teil, der Elemente aus dem Englischen Garten aufweist. Mit dieser Stilvielfalt zählt Linderhof zu den Musterbeispielen der Gartenkunst des Historismus.

Nachdem sich der Nachbau von Versailles in Linderhof als undurchführbar erwiesen hatte, wählte Ludwig II. nun eine wesentlich bescheidenere Analge des französischen Königshauses als Vorbild. Marly le Roi nannte sich eine in der Nähe von Versailles gelegene »Eremitage« Ludwigs XIV., an die sich nun die Planungen anlehnten. Aber wie schon im Falle des Versailles-Projektes entstand keine detailgetreue Kopie des Vorbildes. Wie in einem Baukastensystem entnahm Ludwig II. lediglich Teilbereiche, hier das große Wasserbecken vor und die Kaskade hinter dem Schloß, und ergänzte diese mit Elementen aus anderen Gartenanlagen.

Aus der Schloß- und Gartenanlage »La Granja« in Ildefonso, einem Ort nordwestlich von Madrid, stammen z.B. die Vorbilder zu den sogenannten »Ildefonso-Vasen«, die in Linderhof in kleinen Zierbeeten nördlich des Schlosses stehen. Das von König Philip V. – einem Enkel Ludwigs XIV. – ab 1724 erbaute La Granja zeigt eine bemerkenswerte Ähnlichkeit mit Linderhof hinsichtlich der Lage in einem hochgelegenen Gebirgstal. An das ursprüngliche »Meicost-Ettal«-Pro-

Landschaftlicher Teil des Schloßgartens im Winter

jekt erinnern lediglich noch die in den Parterreanlagen Linderhofs aufgestellten Nachbildungen der allegorischen Figuren der vier Erdteile, der vier Jahreszeiten und der vier Elemente, die allesamt dem Skulpturenprogramm der Versailler Gartenanlage entnommen worden sind.

Eine besondere Funktion fällt in Linderhof den geometrischen Gartenbereichen zu. Sie sind als begehbare Bilder unmittelbar den vier Haupträumen im Obergeschoß des Schlosses zugeordnet, wobei hohe Heckenwände und Bäume den Blick in die umliegende Landschaft abschirmen. So konnte der König aus den Fenstern blicken oder in den Gärten wandeln, ohne daß die Wirkung der in den Schloßräumen inszenierten Traumwelt durch den Anblick der profanen Naturlandschaft gestört worden wäre. Diese Konzeption findet sich später auch in Herrenchiemsee wieder, wo Ludwig II. ebenfalls keine Ausblicke auf den See oder das Gebirge duldete.

Der mit der Planung der Gartenanlage beauftragte Carl von Effner (1831–1884) erwarb sich mit diesem Projekt die höchste Anerkennung des Königs. Im Laufe der Entstehung der Gartenanlagen in den Jahren zwischen 1872–1880 beförderte Ludwig II. seinen Gartenarchitekten 1873 zum Hofgärtendirektor, 1877 folgte die Verleihung des persönlichen Adels.

PARTERRE-ANLAGEN

Heckenwände, Holzpavillons und Laubengänge bilden festliche Gartenräume, die als begehbare Kulissen vor den Haupträumen des Schlosses liegen. Erwähnenswert sind die farbenprächtigen Blumenrabatten, die trotz der Ungunst des alpinen Klimas mit Tausenden von Sommerblumen kunstvolle Ornamente bilden. Stein- und vergoldete Metallfiguren, Vasen und das belebende Element des Wassers – als Springbrunnen, Kaskade und Fontäne – geben diesen Gartenbereichen einen ausgeprägt dekorativen Charakter.

WASSERPARTERRE (VOR DEM SCHLOSS, 11)

Das ebenfalls von Hainbuchenhecken eingegrenzte Wasserparterre wird von einem großen Bassin (11) mit der vergoldeten Springbrunnengruppe »Flora und Putten« beherrscht, aus der sich, betrieben nur durch den Druck des natürlichen Gefälles, eine etwa 30 m hohe Fontäne erhebt. An den Schmalseiten mythologische und allegorische Steinfiguren und Terrakotta-Vasen mit Zierpflanzen; zwei aus Zinkguß geformte Löwen flankieren den Anfang der Terrassentreppe.

Gartenskulpturen: Springbrunnengruppe »Flora und Putten« (vergoldeter Zinkguß) von M. Wagmüller. – Steinskulpturen (lothringischer Kalkstein) von J. Hautmann: An der Futtermauer der Schloßterrasse »Diana« und »Venus« (1875); am Südende der Heckengänge Allegorien von »Nacht« und »Tag« (1876).

WESTLICHES PARTERRE (17)

Als erster Gartenteil 1872 vor dem Audienzzimmer des Schlosses angelegt. Von Hainbuchenhecken umgebenes Teppichparterre mit farbenfrohen Blumenrabatten und Buchsformbäumchen. In der Mitte vierpaßförmiges Bassin mit der vergoldeten Figur der »Fama«; an der westlichen Schmalseite ein kleiner Springbrunnen mit der vergoldeten Gruppe »Amor mit Delphinen«. In den Heckennischen der Längsseiten und vor zwei Pavillons der Schmalseiten die allegorischen Steinfiguren der vier Jahreszeiten; im mittleren Pavillon überlebensgroße Terrakottabüste König Ludwigs XIV. Frankreich. Majolika-Vasen mit Puttenbekrönung.

Gartenskulpturen und Ziervasen: Vergoldete Zinkfuß-Figuren von F. Walker; »Amor mit Delphinen« von M. Wagmüller. – Steinfiguren (lothringischer Kalkstein) von J. Hautmann. – Majolika-Vasen (aus der Nymphenburger Manufaktur) nach den Originalen der Manufaktur Choisy-le-Roi bei Paris.

ÖSTLICHES PARTERRE (16)

In der Grundform ähnliches, gestalterisch leicht abgeändertes Gegenüber zum westlichen Parterre vor dem Speisezimmer des Schlosses. Zentrales Teppichparterre mit Blumenrabatten, die an den Stirnseiten zu schnecken- bzw. palmettenförmigen Ornamenten geformt sind. In der Mitte Steinskulpturen »Venus und Adonis«; an der östlichen Stirnseite Springbrunnenbecken mit vergoldeter Gruppe »Pfeilschießender Amor mit Putten«, an der Längsseite in den Heckennischen Steinfiguren als Allegorien der vier Elemente. Im Holzpavillon der Stirnseite überlebensgroße Steinbüste König Ludwigs XVI. von Frankreich. Dahinter führt eine Treppe zu einem von Spalierbuchen eingefaßten kreisrunden Platz mit sternförmigem Blumenbeet.

Gartenskulpturen: Steinfiguren (lothringischer Kalkstein) von J. Hautmann. – Springbrunnengruppe (vergoldeter Zinkguß) von M. Wagmüller.

TERRASSEN- UND KASKADEN-ANLAGEN

Motive italienischer Renaissancegärten erfreuten sich vor allem in den ab etwa 1840 entstandenen viktorianischen Gärten Englands großer Beliebtheit, insbesondere die Terrassengärten, die Bestandteil zahlreicher sogenannter »Italianate Gardens« waren. Carl von Effner hatte 1854 im Rahmen eines sechsmonatigen Ausbildungsaufenthaltes in England diese neue Entwicklung studieren können und dürfte aus diesen Gärten die Anregung zu den Terrassengärten in Linderhof bezogen haben. Der als »Linderbichl« bezeichnete Hang südlich des Wasserparterres bot für eine Terrassierung die idealen topographischen Voraussetzungen. Das Vorbild zur Kaskade ist vermutlich in den erwähnten Anlagen von »Marly le Roi« in Frankreich oder »La Granja« in Spanien zu suchen.

TERRASSENGÄRTEN (13)

Zu den drei am sogenannten Linderbichl angelegten Terrassen führen symmetrische Flügeltreppen empor. In einer halbrunden Nische am Podest des ersten Treppenlaufes dreiteiliger Schalenbrunnen mit Najaden. Auf der Ebene der ersten Terrasse, deren Balustraden von zwei lagernden Nymphen (in Metallguß) abgeschlossen werden, zwei ornamental reich gestaltete Teppichparterres mit Buchsformbäumchen und je einem Glockenbrunnen. In der dahinter aufsteigenden Schachtmauer hallenartige Nische mit der überlebensgroßen Steinbüste der Königin Marie Antoinette von Frankreich im mittleren Bogen. Die Ebene der zweiten Terrasse zieren wiederum zwei mit reichem Blumenschmuck versehene Teppichparterres. Den bekrönenden Abschluß der Terrassenanlage bildet ein runder Tempel (14), in dem an Stelle einer anfänglich geplanten Apollostatue eine überlebensgroße Marmorfigur der Venus mit zwei Amoretten steht. Der Standort des Tempels war zeitweilig auch für einen Theaterbau vorgesehen.

Rechts vor der unteren Terrasse jene ca. 300jährige Linde (12), die dem hier ursprünglich stehenden Zehenthof und damit dem Schloß den Namen gegeben haben soll.

Gartenskulpturen: Najaden-Brunnen (Zinkguß): Entwurf von M. Wagmüller, Ausführung (1876) in der Gießerei von Maffei in München. – Steinbüste (lothringischer Kalkstein) der Königin Marie Antoinette: Am Sockel das Wappen von Bourbon-Navarra, Medusenhaupt mit Bourbonen-Devise und Initialen der Königin.

Rundtempel: Entwurf von G. Dollmann 1875. Kannellierte Marmorsäulen mit korinthischen Kapitellen, kassettierte Kuppel, Kupferdach mit vergoldetem Mittelakroterion. – Venus-Statue (Carrara-Marmor) von J. Hautmann 1877.

Die *Terrassenanlage* wurde 1977–1980 von Grund auf erneuert.

Majolika-Vase mit Putten

NORDHANG MIT KASKADE (19)

Unmittelbar hinter dem Schloß führen steile Hänge zum »Hennenkopf« empor. Die Mittelachse des Bauwerks – im Süden in der Parterre- und Terrassenanlage fortgeführt – wird nach Norden durch eine von Steinvasen und zwei gegossenen Amorettenpaaren begleitete Kaskade von dreißig Marmorstufen gekennzeichnet. Oberhalb des am Kaskadenanfang liegenden Bassins eine dem Rundtempel des südlichen Terrassengartens als Blickpunkt entsprechende pavillonartige Laube (21). Den unteren Abschluß der Kaskade bildet ein Steinbassin mit einer wasserspeienden Neptungruppe aus Metallguß. Davor ein

Kaskade mit Neptunbrunnen am Nordhang

von zwei Steinvasen flankiertes Blumenbeet in Form eine bourbonischen Lilie. Lindenlaubengänge (mit Pavillons oben und allgorischen Steinfiguren der vier Kontinente unten) führen vom Kaskadenanfang in weitgeschwungenen Viertelbögen zu den Endpunkten der seitlichen Schloßparterres.

Steinskulpturen und Ziervasen: Die Zinkguß-Arbeiten nach Entwurf von M. Wagmüller. Die Neptun-Gruppe nach einem Vorbild in Versailles; ursprünglich für das Bassin des Hauptparterres bestimmt und erst 1882 an die heutige Stelle versetzt. – Die Ziervasen der Kaskade von Ph. Perron, die sog. Ildefonso-Vasen (lothringischer Kalkstein) am Steinbassin nach Vorbildern im Park von San Ildefonso bei Madrid.

LANDSCHAFTLICHER GARTEN

Der letzte große, im 18. Jahrhundert von England ausgehende europäische Gartenstil suchte die malerisch-romantische Stimmung der natürlichen Landschaft in idealisierter Form wiederzugeben. In Süddeutschland wurde er zunächst in den Anlagen von Schwetzingen und Schönbusch und dann in München im Englischen Garten verwirklicht.

Landschaftlicher Gartenteil mit Blick zum Brunnenköpfl

Landschaftlicher Gartenteil mit Blick zum Kienjoch

Der Schloßpark in Linderhof zeigt die Spätform eines Landschaftsgartens. In sanften, beinahe abgezirkelten Schwüngen erschließen die Wege die Hänge des Talkessels. An den Wegegabelungen schaffen dichte Baumgruppen aus über 100 Jahre alten Buchen, Linden und Eichen schattige Bereiche, die sich mit weiten, sonnigen Wiesenflächen abwechseln. Das ausgeklügelte Zusammenspiel von geschwungenen Wegen, Baumgruppen und Wiesen bietet den Besuchern bei einem Spaziergang durch den Park eine Fülle wechselnder Landschaftsbilder, wobei die Gipfel des Ammergauer Gebirges einen eindrucksvollen Hintergrund bilden.

BAUWERKE IM PARK

Die Bauwerke im Park sind nicht als Staffagebauten, wie sie in den frühen Landschaftsgärten zur Belebung der Landschaftsszenen üblich waren, zu sehen. Vielmehr handelt es sich hier um eigenständige Fluchtorte oder »Nebenresidenzen«, wie sie Ludwig II. in großer Zahl, z.B. in Form von elf Berghütten im Gebiet zwischen Lenggries und Füssen, einrichtete. Das Königshäuschen und die St.-Anna-Kapelle bestanden schon vor den königlichen Bauten in Linderhof und wurden in den Park übernommen.

KÖNIGSHÄUSCHEN (9)

Das schon 1790 bestehende, von König Maximilian II. umgebaute Jagdhaus stand ursprünglich auf dem Platz vor dem Schloß. 1874 wurde es abgetragen und an der jetzigen Stelle wieder aufgebaut. Vor Errichtung des Schlosses wurde es wiederholt von Ludwig II., nach dem Tode des Königs von Prinzregent Luitpold bewohnt.

St.-Anna-Kapelle, 1684.
Ausgestattet durch Ludwig II.

ST.-ANNA-KAPELLE (15)

Erbaut 1684 von Abt Roman Schretler von Ettal. Kleiner Bau mit Dachreiter; kreuzgewölbter einschiffiger Raum mit rundem Chorabschluß. Altargemälde »Heilige Familie« aus der Erbauungszeit. – Glasfenster: Christus, Maria und die Heiligen Drei Könige. König Ludwig IX. von Frankreich und Richard von England, Namenspatrone Ludwigs II. und Richard Wagners. Ausgeführt in der Kunstanstalt F. X. Zettler in München.

VENUSGROTTE (22)

Schon Eingang und Ausgang dieser am Abhang des Hennenkopfes errichteten »Zaubergrotte« sind Nachbildungen von Felsen. Die mit verschiedenen Farben magisch erleuchtete künstliche Tropfsteinhöhle, eine zehn Meter hohe Hauptgrotte und zwei Nebengrotten, sollen das Innere des Hörselberges, den Schauplatz des ersten Aktes von Wagners »Tannhäuser«, wiedergeben. Mit dieser geheimnisvollen Felsenwelt ist das Motiv der Blauen Grotte von Capri – hier ein unterirdisch erleuchteter See, in den sich ein Wasserfall ergießt – verbunden. Ein vergoldeter Muschelkahn, eine Plattform auf dem von Kristallen glitzernden »Loreleyfelsen« und ein »Königssitz« mit Muschelthron gaben Ludwig II. Betrachtungspunkte, von denen aus er diese weltferne Traumwelt auf sich wirken lassen konnte. Kaum irgendwo sonst tritt uns in dieser merkwürdigen Mischung von natürlichen und technischen Moti-

Venusgrotte im Schloßgarten Linderhof mit dem Muschelkahn König Ludwigs II.

ven das Streben des Königs nach panoramamäßigem und zugleich stimmungserfülltem Illusionismus so eindringlich entgegen wie hier in dieser naturalistisch gebauten Raumbühne, in der im Hintergrund die Venusszene des »Tannhäuser« in einem Monumentalgemälde von A. Heckel erscheint.

König Ludwig II. in der Venusgrotte. Illustration von Robert Aßmus, 1896

Baugeschichte: Erster Entwurf von F. Schabet; Entwurf der Grundform von C. von Effner nach dem Vorbild der Grotte im königlichen Wintergarten in München; Ausführung 1876/77 durch den »Landschaftsplastiker« A. Dirigl. – Die bauliche Konstruktion besteht aus Pfeilern, Gewölbegurten und Eisenverstrebungen; die Vortäuschung von Felsen und Tropfsteingebilden wird durch Leinwand und Zement mit flimmerndem Spießglanz erreicht. – Den elektrischen Strom für die ursprüngliche Beleuchtung lieferten 24 Dynamomaschinen (von denen sich eine heute – als eines der frühesten Denkmale der Elektrotechnik – im Deutschen Museum in München befindet). Die wechselnden Lichteffekte ergaben sich durch rotierende farbige Glasscheiben vor 24 Bogenlampen. Die jetzige Beleuchtung erfolgt durch verdeckt angebrachte Scheinwerfer durch eine Unterwasser-Lichtanlage.

MAURISCHER KIOSK (23)

Der Kiosk wurde von dem Berliner Architekten Karl von Diebitsch für die Weltausstellung in Paris 1867 geschaffen. 1870 kaufte der Eisenbahnkönig Bethel Henry Strousberg den Pavillon für sein neu erworbenes Schloß Zbirow in Böhmen. Nach Strousbergs Bankrott erwarb Ludwig II. den Bau 1876 für den Park von Schloß Linderhof und ließ

Innenraum des Maurischen Kiosks

Dachkuppeln am Maurischen Kiosk

ihn nach den Plänen von G. Dollmann umbauen und zum Teil neu ausstatten. Seine Konstruktion besteht aus einem Eisen- und Holzgerüst, das außen mit farbig gefaßten Zinkgußplatten verkleidet ist. Die Verkleidung der Innenwände bilden reich ornamentierte, farbige Gipsplatten über einer hölzernen Sockelzone.

Der Maurische Kiosk erhebt sich auf zwei Terrassenebenen über das Parkgelände. Ein exotisch-buntes Pflanzenarrangement aus Palmen, Granatapfelbäumen und zahlreichen Blütensträuchern schafft auch im Außenbereich des Kiosks die gewünschte fremdländische Aura und grenzt ihn gleichzeitig vom übrigen Parkgelände ab. – In den Jahren 1972–1983 wurden am Kiosk umfangreiche Restaurierungsmaßnahmen durchgeführt: Sanierung der Konstruktion im Sockelbereich, Rekonstruktion der originalen farbigen Fassung der Außenwände, Restaurierung der Dachaufbauten. Von 1986–1987 wurden die Stützmauern und die Treppenstufen der Terrassenanlage saniert. – Quadratischer Grundriß mit drei rechteckigen Vorsprüngen und einer halbkreisförmigen Apsis (die Apsis wurde von G. Dollmann auf Wunsch Ludwigs II. für die Thronnische hinzugefügt); vergoldete Mittelkuppel aus getriebenem Messingblech, vier minarettartige Ecktürmchen. – reich ausgestatteter, kuppelgewölbter Innenraum mit drei rechteckigen Nischen und apsisförmiger, erhöhter Ausbuchtung; umlaufende Arkaden mit vierfachen Säulchen aus Gußeisen; Flachdecke mit hölzernem Stalaktitengewölbe in der Raummitte und in der Apsis; bunte Glasfenster. – Weißer Marmorbrunnen mit architektonischem Aufbau in Zinkguß; großer Glaslüster mit 32 farbigen Lampen, entsprechende Laternen in den Nischen; Pfauenthron, 1877 in Paris und München für den König angefertigt; achteckiger Prunktisch; Rauch- und Kaffeetischchen, Hocker mit Federwedeln; persisches Rauchgefäß in Pfauenform aus Kupfer mit eingesetzten Türkisen.

Ausstattung: Glasfenster aus der Kunstanstalt Fr. X. Zettler, München. – Pfauenthron: Entwurf von 1877 von Franz Seitz, Pfauen aus farbig emailliertem Metallguß (mit geschliffenen böhmischen Glassteinen in den Schweifrädern) und bronze-vergoldete Rückenlehne von Le Blanc-Granger, Paris, seidenbezogener Divan von A. Pössenbacher, München. – Achteckiger Tisch: Platte mit blau-goldener Hinterglasmalerei und Perlmuttereinlagen am Rand, Entwurf von K. von Diebitsch. – Zwölf weitere Tischchen in den Nischen ebenfalls nach Entwürfen von K. v. Diebitsch.

DIE HUNDINGHÜTTE (25)

1876 ließ König Ludwig II. am Fuß der südwestlich von Schloß Linderhof liegenden Kreuzspitze, der mit 2185 Metern höchsten Erhebung des Ammergebirges, die sogenannte Hundinghütte errichten. Diese urtümliche altgermanische Behausung geht auf die Angaben Richard Wagners für den Schauplatz der Handlung im Ersten Aufzug der »Walküre« aus dem »Ring des Nibelungen« zurück. Die »Wohnung Hundings« beschreibt Wagner im Textbuch seiner »Walküre« bereits 1852 folgendermaßen:

»Das Innere eines Wohnraumes. In der Mitte steht der Stamm einer mächtigen Esche, dessen stark erhabene Wurzeln sich weithin in den Erdboden verlieren; von seinem Wipfel ist der Baum durch ein gezimmertes Dach geschieden, welches so durchschnitten ist, daß der Stamm und die nach allen Seiten hin sich ausstreckenden Äste durch genau entsprechende Öffnungen hindurchgehen; von dem belaubten Wipfel wird angenommen, daß er sich über dieses Dach ausbreite. Um den Eschenstamm, als Mittelpunkt, ist nun ein Saal gezimmert; die Wände sind aus roh behauenem Holzwerk, hier und da mit geflochtenen und gewebten Decken behangen. Rechts im Vordergrund steht der Herd, dessen Rauchfang seitwärts zum Dache hinausführt: hinter dem Herd befindet sich ein innerer Raum, gleich einem Vorratsspeicher, zu dem man auf einigen hölzernen Stufen hinaufsteigt: davor hängt, halb zurückgeschlagen, eine geflochtene Decke. Im Hintergrunde eine Eingangstür mit schlichtem Holzriegel. Links die Tür zu einem inneren Gemache, zu dem gleichfalls Stufen hinaufführen; weiter vorne auf derselben Seite ein Tisch mit einer breiten, an der Wand angezimmerten Bank dahinter und hölzernen Schemeln davor.«

Planung und Bau der Hundinghütte sind unmittelbar mit der ersten Gesamtaufführung des Bühnenfestspiels »Der Ring des Nibelungen« anläßlich der ersten Bayreuther Festspiele im August 1876 verknüpft.

Innenansicht der Hundinghütte

König Ludwig II. besuchte die Generalproben ab 6. August und den dritten Zyklus des »Rings« Ende des Monats. Bereits am 17. August ließ der König Hofrat Lorenz von Düfflipp das neue Bauvorhaben ankündigen: »Seine Majestät beabsichtigen im Walde nächst dem Linderhof ein Gemach, aus ganz roh gezimmertem Holz, gleich der Dekoration des I. Aktes in Walküre ausführen zu lassen, der Baum wird bereits ausgesucht. Seine Majestät glauben dasselbe mit ganz wenigen Kosten herstellen zu können, Herr Hofrat möchte sich die Sache bedenken.«

Die noch im August 1876 von Hofbaudirektor Georg Dollmann – offenbar in Verbindung mit Hofgärtendirektor Carl von Effner – ausgearbeiteten Pläne sahen im Außenbau eine schlichte, roh gezimmerte Blockhütte vor, die sich auf den ersten Blick kaum vom Typus der zum Teil heute noch gebräuchlichen Waldhütten im Gebirge unterscheidet. Für die Konzeption des hallenartigen Raumes, in dessen Mitte eine von König Ludwig II. sicher selbst ausgewählte »Doppel-Buche mit Eschenstamm-Umhüllung« steht, dienten Entwurf und Modell Christian Janks für die gegen den Willen Richard Wagners stattfindende Münchner Uraufführung der »Walküre« von 1870 als Grundlage. Einige Details wurden auch vom Bühnenbild Joseph Hoffmanns für die Bayreuther Festspielaufführung übernommen. Am 13.

November 1876 war die Hundinghütte bereits weitgehend fertiggestellt.

Die Hundinghütte war das erste ausgeführte Projekt »Bei den sieben Quellen« unterhalb der Kreuzspitze. 1877 folgte die Einsiedelei des Gurnemanz nach Wagners »Parsifal« (zerstört). Das enge Tal mit der Straße von Linderhof zum Plansee wird hier im Süden von einer Bergkette mit steiler, felsiger Nordseite gesäumt. Zahlreiche größere und kleinere Bäche graben sich in das Gestein und bilden teils tiefe Schluchten. Der Standort der Hundinghütte in diesem wilden, zerfurchten, waldigen Teil des Ammergebirges wurde vom König sicher nicht zuletzt im Hinblick auf die »Walküre« insgesamt ausgewählt. »Wildes Felsengebirge« mit einer Schlucht sieht der zweite, den »Gipfel eines Felsenberges« der dritte Aufzug als Schauplatz vor. Auch im »Parsifal« spielt die Handlung in der Bergwelt, in einer »Gegend im Charakter der nördlichen Gebirge des gotischen Spaniens.«

Mit Hundinghütte, Einsiedelei und Venusgrotte (S. 48) hat König Ludwig II. drei Bühnenbilder aus Musikdramen Richard Wagners in die freie Natur der Umgebung seines Lieblingsschlosses Linderhof »verpflanzt«.

Am 18. Dezember 1884 wurde die Hundinghütte durch Brand zerstört, auf Weisung Ludwigs II. jedoch bis Anfang 1885 am selben Platz und in gleicher Form wiederaufgebaut. Durch Brandstiftung ging das Gebäude – inzwischen ein beliebtes Ausflugsziel – 1945 zum zweitenmal in Flammen auf und wurde bis auf die Grundmauern zerstört. Einige Ausstattungsstücke – zwei Trinkhörner, ein Geweihlüster, Felle – blieben erhalten. Seit 1986 geplant, wurde die Hundinghütte von 1989 bis 1990, in der originalen Form unter Verwendung der Planserie Georg Dollmanns von 1876, einer Ansicht des Raumes (Aquarell) von Heinrich Breling, 1882, sowie von historischen Fotos rekonstruiert. Das originalgetreu wiederaufgebaute und ausgestattete Gebäude fand Platz am östlichen Rand des Parks von Schloß Linderhof, in einer landschaftlichen Situation, die zusammen mit dem neu angelegten kleinen See dem ursprünglichen Standort weitgehend entspricht.

DAS MAROKKANISCHE HAUS (8)

Zu Beginn des Jahres 1878 war die durch Ludwig II. veranlaßte Neugestaltung des »Maurischen Kiosks« im Schloßpark Linderhof abgeschlossen, wodurch die Vorliebe des Königs für Gebäude im Baustil des Islam offenbar neu entfacht wurde. Von den diversen Projekten reifte im Juni 1878 eine von Georg Dollmann entworfene »Kubba mit Hof« bis zum Ausführungsstadium heran: eine selbständige kleine Schloßanlage mit quadratischem Pavillon, einem Hof nach dem Vorbild der Alhambra und einem Eingangstrakt mit Pferdestallungen und Nebenräumen.

Marokkanisches Haus, seitliche Ansicht

Als Standort für diese Schloßanlage im »maurischen Baustyle« war südwestlich von Linderhof die sogenannte Stockalpe am Fuß der Scheinbergspitze vorgesehen, eine einsame Gebirgsgegend an der Grenze nach Tirol, in der Ludwig II. allerdings 1876 bereits die »Hundinghütte« nach einem Bühnenbild in der »Walküre« von Richard Wagner sowie 1877 die »Einsiedlerhütte des Gurnemanz« nach einem Bühnenbild in Wagners »Parsifal« hatte errichten lassen. An den Ort der Handlung in »Parsifal« wollte Ludwig II. wohl auch durch das neue orientalische Gebäude auf dem »Stabsboden« der Stockalpe erinnert werden. Während nämlich »Monsalvat«, die Burg der Gralshüter, in einer »Gegend im Charakter der nördlichen Gebirge des gotischen Spaniens« steht, ist »Klingsors Zauberschloß am Südabhange derselben Gebirge, dem arabischen Spanien zugewandt anzunehmen«, wie es in Wagners Textbuch heißt.

Aus Kostengründen mußte König Ludwig II. jedoch den Bau der geplanten »Kubba mit Hof« aufgeben. Er ließ Georg Dollmann im September 1878 auf der Weltausstellung in Paris nach einem geeigneten Ersatz Ausschau halten. Im Oktober 1878 kaufte Ludwig II. dann dort das »Marokkanische Haus«, das schon 1873 auf der Weltausstellung in Wien zu sehen und für diesen Zweck in Marokko hergestellt worden war. Am 8. November 1878 wurde das kleine Haus in Paris abgetragen und in Einzelteilen verpackt. Am 25. November kam es in Linderhof an und wurde noch im Dezember aufgestellt. Zum Bauplatz auf der Stockalpe legte man eine neue Straße an. Gleichzeitig mit dem »Marokkanischen Haus« wurden dort eine Arbeiterhütte, Kochgelegenheiten und eine Stallung errichtet.

Durch aufwendige Umbaumaßnahmen im Außen- und Innenbereich ließ der König das »Marokkanische Haus« bis Ende 1879 nach seinem Geschmack in prunkvoller Weise umgestalten und verändern. Jean Perron, Bildhauer in Paris, der den Ankauf für Ludwig II. vorgenommen hatte, beschaffte auch das nicht erhaltene, zum orientalischen Ambiente passende reiche Inventar, zum Beispiel Tische, Leuchter, Tabourets, Spiegel und Gefäße.

Abbruch, Aufbau und Umgestaltung des Hauses besorgten zahlreiche Fachkräfte, so der Bildhauer Philipp Perron, der Hofdekorationsmaler August Schultze und der Hoftapezierer Max Steinmetz. Unter

Marokkanisches Haus, hallenartiger Mittelraum

reichlicher Verwendung von Gold wurde die gesamte Farbgebung neu gestaltet und einzelne Räume mit kostbaren Stoffen ausstaffiert. Durch farbige Verglasungen »im maurischen Style« und einen Mosaikplattenboden wurde der orientalische Charakter zusätzlich hervorgehoben. Ein neuer Zinkgußbrunnen, entworfen von Julius Hofmann und Philipp Perron, fand im hofartigen Mittelraum Platz. Dieser quadratische, von vier Säulen eingefaßte und durch ein pyramidenförmiges Oberlicht mit bunten Gläsern erhellte »Lichthof« ist das Zentrum des »Marokkanischen Hauses«. Die übrigen Räume sind um diese Mitte gruppiert. Drei davon werden zur Zeit Ludwigs II. als »Salon«, als »Speise-Zimmer« und als »Rauch-Zimmer« bezeichnet.

Nach dem Tod König Ludwigs II. gab es bereits im Juli 1886 Überlegungen, das »Marokkanische Haus« in den Schloßpark Linderhof zu transferieren. Es wurde dann jedoch 1891 verkauft und in Oberammergau aufgestellt. 1980 konnte die Bayerische Verwaltung der staatlichen Schlösser, Gärten und Seen das Haus zurückerwerben. Nach Sicherungsmaßnahmen wurde es zunächst zerlegt und schließlich am jetzigen Standort im Linderhofer Schloßgarten wiederaufgebaut: 1988 war der Baubeginn, 1990 Richtfest. Nach Abschluß der umfassenden Außen- und Innenrestaurierung konnte das »Marokkanische Haus« dann 1998 der Öffentlichkeit präsentiert werden.

Auf die Wiederaufstellung des »Marokkanischen Hauses« am alten Ort auf der einsam gelegenen Stockalpe im Taleinschnitt zwischen Scheinbergspitze und Kreuzspitze mußte verzichtet werden, da dort jegliche Infrastruktur fehlt. Es wurde in Linderhof jedoch auf eine vergleichbare Geländesituation geachtet, ohne dem Schloßpark als Gesamtkunstwerk zu schaden.

LEBENSDATEN KÖNIG LUDWIGS II.

Ludwig II., der letzte große Bauherr aus dem Hause Wittelsbach, erhielt seinen Namen nach seinem Großvater, König Ludwig I. (reg. 1825–1848), an dessen Namenstag er geboren wurde. Schon Ludwig I., obwohl persönlich sparsam, war ein als Mäzen der bildenden Künste genialer Herrscher, der München durch Monumentalbauten und neuangelegte Sammlungen zu einem europäischen Kunstmittelpunkt erhob. Dessen Sohn, Maximilian II. (reg. 1848–1864), ein grüblerischer, seinem königlichen Amte verpflichteter Charakter, vermählte sich 1842 mit Prinzessin Marie von Preußen, der Mutter Ludwigs II. und Ottos I.

1845, 25. August: Ludwig II. in Schloß Nymphenburg zu München (am Namenstag seines Großvaters Ludwig I.) geboren

1861, 2. Februar: Ludwig sieht zum erstenmal eine Wagner-Oper (Lohengrin).

1864, 10. März: Maximilian II. gestorben, Ludwig II. besteigt den bayerischen Königsthron.

4. Mai: Erstes Zusammentreffen des Königs mit Richard Wagner

1865, 10. Juni: Uraufführung von »Tristan und Isolde« im Münchner Hoftheater

10. Dezember: Wagner verläßt München.

1867, 22. Januar: Verlobung des Königs mit Prinzessin Sophie (Tochter des Herzogs Maximilian in Bayern)

31. Mai: Reise zur Wartburg

20. Juli: Reise nach Paris

10. Oktober: Lösung der Verlobung

1868, 21. Juni: Uraufführung der »Meistersinger von Nürnberg« im Münchener Hoftheater – Erste Pläne für Neuschwanstein

1869, 5. September: Grundsteinlegung zu Schloß Neuschwanstein

22. September: Uraufführung von »Rheingold« im Münchener Hoftheater – Erste Pläne und Baubeginn von Schloß Linderhof

1870, 26. Juni: Uraufführung von »Walküre« im Münchner Hoftheater

30. September: Erster Detailplan für Schloß Linderhof

1872, 6. Mai: Erste »Separatvorstellung« vor dem König

22. Mai: Grundsteinlegung für das Festspielhaus in Bayreuth

1873, Erwerb der Herreninsel im Chiemsee durch den König

1874, 20. August: Reise nach Paris

1876, 10. Februar: Der König zum letzten Male an einer Hoftafel

6.–9. August und 27.–31. August: Der König in Bayreuth (»Ring des Nibelungen« im Festspielhaus)

1878, 21. Mai: Grundsteinlegung des Schlosses Herrenchiemsee

1879, Vollendung von Schloß Linderhof

1886, 10. Juni: Regenschaftsproklamation (an Stelle Ludwigs II. und des unheilbar erkrankten Prinzen Otto übernimmt Prinz Luitpold, ein Sohn Ludwigs I., die Regentschaft)

12. Juni: In Begleitung von Irrenärzten wird der König von Neuschwanstein nach Schloß Berg gebracht

13. Juni: Der König ertrinkt im Starnberger See.

19. Juni: Beisetzung in St. Michael zu München

VERZEICHNIS
DER KÜNSTLER UND HANDWERKER

Zur weiteren Information:

HEINRICH KREISEL, *Die Schlösser König Ludwigs II. v. Bayern,* Darmstadt 1955. – WERNER RICHTER, *Ludwig II., König von Bayern,* 4. Aufl., München 1956. – MICHAEL PETZET, *König Ludwig II. und die Kunst,* München 1968 (mit ausführlichen Quellenangaben und Bibliographie). – WILFRIED BLUNT, *König Ludwig II. von Bayern,* München 1970. – MONIKA BACHMAYR, *Schloß Linderhof,* Diss. phil. München 1977. – GERHARD HOJER, *Ludwig II. of Bavaria: Royal Patron of Architecture,* in: Designs for the Dream King. Ausstellung/London u. New York 1978/79. – M. PETZET u. W. NEUMMEISTER, *Die Welt des Bayerischen Märchenkönigs,* München 1980. – GERHARD HOJER und HORST H. STIERHOF, *Schloß Linderhof – ein Königstraum wird Wirklichkeit,* München 1983. – HORST H. STIERHOF, *Ludwigs Schlösser,* Hamburg 1986. – HANS RALL/MICHAEL PETZET/FRANZ MERTA, *König Ludwig II. – Wirklichkeit und Rätsel,* München/Zürich 1986. – *Katalog des König Ludwig II.-Museums Herrenchiemsee,* herausgeg. von Gerhard Hojer, München 1986. – STEFAN KOPPELKAMM, *Exotische Architekturen im 18. und 19. Jahrhundert,* Katalog der Ausstellung: Exotische Welten – Europäische Phantasien, Stuttgart, Berlin 1987. – GERHARD EVERS, *Ludwig II. von Bayern, Theaterfürst, König, Bauherr,* München 1986. – J. FEHLE, *Der Maurische Kiosk in Linderhof von Karl v. Diebitsch,* München 1987. – DETTA UND MICHAEL PETZET, *Die Hundinghütte König Ludwigs II.,* München 1990. – MANFRED STEPHAN, *Die historische Entwicklung der Park- und Gartenanlage von Schloß Linderhof;* in: Die Gartenkunst, Jg. 4, 1992, H.1, S. 13–34. – ELMAR D. SCHMID, *König Ludwig II. im Portrait,* Dachau/München 1996. – *Das Marokkanische Haus im Schloßpark Linderhof.* Band 2. Dokumentation zur Wiedererrichtung und Restaurierung, München 1998.

Bayerische Verwaltung der staatlichen Schlösser, Gärten und Seen

SEHENSWÜRDIGKEITEN

Ansbach	**Residenz der Markgrafen von Ansbach;** Prunkappartements des frühen Rokoko, Sammlung Ansbacher Fayencen und Porzellan, Hofgarten mit Orangerie	Tel. 0981/3186 Fax 0981/95840
Aschaffenburg	**Schloß Johannisburg** Gemäldegalerie und Kurfürstliche Wohnräume, Sammlung von Korkmodellen, Schloßgarten; Städtisches Schloßmuseum	Tel. 06021/22417 Fax 06021/218921
	Pompejanum; Nachbildung eines römischen Hauses und Antikenmuseum	
	Schloß und Park Schönbusch Klassizistisches Schlößchen in englischem Landschaftsgarten	
Bamberg	**Neue Residenz Bamberg** Kaisersaal und barocke Prunkräume, Gemäldegalerie, Rosengarten	Tel. 0951/56351 Fax 0951/55923
Bayreuth	**Neues Schloß** Markgrafenresidenz aus der Zeit des »Bayreuther Rokoko« mit Museum Bayreuther Fayencen, Hofgarten mit Orangerie	Tel. 0921/75969-0 Fax 0921/75969-15
	Markgräfliches Opernhaus	
Bayreuth/ Donndorf	**Schloßpark Fantaisie** Historische Gartenanlage	Tel. 0921/75969-0 Fax 0921/75969-15

Bayreuth/ Eremitage	**Altes Schloß Eremitage** Wohnräume der Markgräfin Wilhelmine, Grotte, historische Gartenanlage mit Wasserspielen	Tel. 0921/75969-0 Fax 0921/75969-15
Bayreuth/ Wonsees Sanspareil	**Morgenländischer Bau** Stilräume, Gartenparterre und Felsengarten	Tel. 0921/75969-0 Fax 0921/75969-15
	Burg Zwernitz, Burganlage	
Burghausen	**Burg zu Burghausen** Burganlage, Stilräume, Gemäldegalerie	Tel. 08677/4659 Fax 08677/65674
Coburg	**Schloß Ehrenburg** Historische Wohn- und Prunkräume des Barock und 19. Jahrhunderts	Tel. 09561/8088-0 Fax 09561/8088-40
Coburg/ Rödental	**Schloß Rosenau** in englischem Landschaftsgarten, Wohnräume der Biedermeierzeit und neugotischer Marmorsaal	Tel. 09563/4747 Fax 09561/8088-40
Dachau	**Schloß Dachau;** Festsaal, historische Gartenanlage	Tel. 08131/87923 Fax 08131/78573
Eichstätt	**Willibaldsburg** Festungsanlage, Juramuseum, Ur- und Frühgeschichtsmuseum, Hortus Eystettensis	Tel. 08421/4730 Fax 08421/8194
Ellingen	**Residenz Ellingen;** Prunkappartements des Fürsten Wrede, Deutschordensräume, Schloßkirche, historische Gartenanlage	Tel. 09141/3327 Fax 09141/72953

Herrenchiemsee	**Neues Schloß Herrenchiemsee** Wohn- und Repräsentationsräume, historische Gartenanlage mit Wasserspielen und **König Ludwig II. Museum**	Tel. 08051/6887-0 Fax 08051/6887-99
	Museum im Alten Schloß Dauerausstellung zur ehemaligen Klosteranlage und zum Verfassungskonvent; Stilräume König Ludwigs II.	
Höchstädt	**Schloß Höchstädt** Kapelle mit Sammlung südwestdeutscher Fayencen	Tel. 08431/8897 Fax 08431/42689
Kelheim	**Befreiungshalle**	Tel./Fax 09441/1584
Kempten	**Residenz Kempten** Prunkräume und Thronsaal der Fürstäbte	Tel. 0831/256-1 und 0831/256-251 Fax 0831/256-260
Königssee	**St. Bartholomä;** Jagdschloß, Kapelle St. Johann und Paul, Naturpark Berchtesgaden	Tel. 08652/96360 Fax 08652/64721
Kulmbach	**Plassenburg;** Schöner Hof, historische Markgrafenzimmer, Gemäldegalerie, Jagdwaffensammlung	Tel. 09221/4116
Landshut	**Stadtresidenz;** Stilräume und Gemäldegalerie, Kreis- und Stadtmuseum	Tel. 0871/92411-0 und 0871/92411-44 Fax 0871/92411-40
	Burg Trausnitz Burganlage mit Burgkapelle St. Georg, Stilräume	
Lauenstein bei Ludwigsstadt	**Burg Lauenstein** Burganlage, Wohnräume, volkskundliche Sammlungen	Tel./Fax 09263/400

Linderhof	**Schloß Linderhof** Wohn- und Repräsentationsräume, Venusgrotte, Marokkanisches Haus, Maurischer Kiosk und Hundinghütte, historische Gartenanlage mit Wasserspielen	Tel. 08822/9203-0 Fax 08822/9203-11
München	**Residenzmuseum** Historische Wohn- und Prunkräume aus der Zeit der Renaissance bis zum 19. Jahrhundert, Hofkirchen und -kapellen, Spezialsammlungen (Silber, Porzellan, Paramente, Reliquien)	Tel. 089/29067-1 Fax 089/29067-225
	Schatzkammer	
	Altes Residenztheater (Cuvilliés-Theater)	
	Hofgarten	
	Bavaria mit Ruhmeshalle auf der Theresienhöhe	
	Schloß Nymphenburg Prunk- und Stilräume, Festsaal, Schönheitengalerie, Schloßkapelle	Tel. 089/17908-0 Fax 089/17908-627
	Amalienburg, Badenburg, Pagodenburg, Magdalenenklause im historischen Schloßpark	
	Marstallmuseum Höfische Kutschen und Schlitten, Reit- und Sattelzeug	
	Museum Nymphenburger Porzellan Sammlung Bäuml	

	Englischer Garten Landschaftsgarten im englischen Stil	Tel. 089/341986 Fax 089/335169
München/ Oberschleißheim	**Neues Schloß Schleißheim** Festsäle, Staatsappartements, Gemäldegalerie, barocker Hofgarten	Tel. 089/315872-0 Fax 089/315872-50
	Schloß Lustheim Porzellansammlung	
Neuburg a.d. Donau	**Schloßmuseum Neuburg a.d. Donau** Sgraffitofassade, Kapelle, Grotten; Vorgeschichte Pfalz-Neuburg, Kirchlicher Barock	Tel. 08431/8897 Fax 08431/42689
Neuschwanstein/ Schwangau	**Schloß Neuschwanstein** Wohn- und Repräsentationsräume	Tel. 08362/81035 und 08362/81801 Fax 08362/8990
Nürnberg	**Kaiserburg Nürnberg** Palas, Stilräume, Doppelkapelle, Tiefer Brunnen und Sinwellturm, Burggarten	Tel. 0911/225726 Fax 0911/2059117
Prunn im Altmühltal	**Burg Prunn** Stilräume	Tel. 09442/3323 Fax 09442/3335
Riedenburg	**Burg Rosenburg** Burganlage mit Kapelle; privat betriebener Falkenhof	Tel. 09442/2752 Fax 09442/3287
Schachen	**Königshaus am Schachen** Wohnräume und Maurischer Saal, Alpengarten	Tel. 08821/2996
Schnaittach	**Festung Rothenberg** Ruine einer Festungsanlage aus dem 18. Jahrhundert	Tel. 09153/7793

Übersee/Feldwies	**Künstlerhaus Exter** mit Atelier des Malers Julius Exter	Tel. 08642/8950-83 Fax 08642/8950-85
Utting am Ammersee	**Künstlerhaus Gasteiger** Sommervilla mit Wohnräumen und Werken von Anna und Mathias Gasteiger, Villengarten	Tel. 08806/2682 und 08806/2091
Veitshöchheim	**Schloß und Park Veitshöchheim;** Historische Wohnräume, Rokokogarten mit Wasserspielen	Tel. 0931/91582 Fax 0931/51925
Würzburg	**Residenz Würzburg;** Barocke Prunkräume, Fresken von G.B. Tiepolo, Gemäldegalerie, Hofgarten	Tel. 0931/355170 Fax 0931/51925
	Festung Marienberg Festungsanlage, Fürstenbaumuseum mit Schatzkammer, Paramentensaal und stadtgeschichtliche Sammlungen, Maschikuliturm, Fürstengarten; Mainfränkisches Museum	

Veröffentlichungen
der Bayerischen Verwaltung der staatlichen Schlösser, Gärten und Seen

Amtliche Führer Deutsche Ausgaben:	**je DM 4,00 – 6,00**
Ansbach	Residenz Ansbach
Aschaffenburg	Schloß Aschaffenburg
	Pompejanum in Aschaffenburg
	Schloß und Park Schönbusch
Bamberg	Neue Residenz Bamberg
Bayreuth	Eremitage zu Bayreuth
	Markgräfliches Opernhaus Bayreuth
	Neues Schloß Bayreuth
Bayreuth/Wonsees	Felsengarten Sanspareil - Burg Zwernitz
Burghausen	Burg zu Burghausen
Coburg	Coburg - Schloß Ehrenburg
Coburg/Rödental	Schloß Rosenau
Dachau	Schloß Dachau
Eichstätt	Willibaldsburg Eichstätt
Ellingen	Residenz Ellingen
Herrenchiemsee	Neues Schloß Herrenchiemsee
Kelheim	Befreiungshalle Kelheim
Königssee	St. Bartholomä am Königssee
Kulmbach	Plassenburg ob Kulmbach
Landshut	Landshut Burg Trausnitz
	Stadtresidenz Landshut
Lauenstein bei Ludwigsstadt	Burg Lauenstein
Linderhof	Schloß Linderhof
München	Residenz München
	Schatzkammer der Residenz München
	Altes Residenztheater in München (Cuvilliés-Theater)
	Englischer Garten München
	Ruhmeshalle und Bavaria
	Nymphenburg, Schloß, Park und Burgen
	Marstallmuseum in Schloß Nymphenburg
Neuburg a. d. Donau	Schloßmuseum Neuburg an der Donau
Neuschwanstein/Schwangau	Schloß Neuschwanstein
Nürnberg	Kaiserburg Nürnberg
Oberschleißheim	Schloß Schleißheim, Neues Schloß und Garten

Prunn	Burg Prunn
Riedenburg	Burg Rosenburg in Riedenburg an der Altmühl
Schachen	Königshaus am Schachen
Veitshöchheim	Veitshöchheim
Würzburg	Festung Marienberg zu Würzburg Residenz Würzburg und Hofgarten

English Editions:

Aschaffenburg	Aschaffenburg Castle
Bayreuth	The Hermitage at Bayreuth Margravial Opera House Bayreuth
Coburg	Coburg Ehrenburg Palace
Herrenchiemsee	The New Palace of Herrenchiemsee
Linderhof	Linderhof Palace
München	Residence Munich The Treasury in the Munich Residence Nymphenburg, Palace, Park, Pavilions Marstallmuseum Schloß Nymphenburg in Munich
Neuschwanstein/Schwangau	Neuschwanstein Castle
Nürnberg	Imperial Castle Nuremberg
Schachen	The Royal House on the Schachen
Würzburg	The Würzburg Residence and Court Gardens

Editions with English Summary:

Bamberg	Neue Residenz Bamberg
Bayreuth/Wonsees	Felsengarten Sanspareil - Burg Zwernitz
Burghausen	Burg zu Burghausen
Coburg/Rödental	Schloß Rosenau
Königssee	St. Bartholomä am Königssee
München	Englischer Garten München
Oberschleißheim	Schloß Schleißheim

Editions Françaises:

Herrenchiemsee	Le Nouveau Château de Herrenchiemsee
Linderhof	Le Château de Linderhof
München	Le Trésor de la Résidence de Munich Nymphenburg, Le Château, le Parc et les Pavillons
Neuschwanstein/Schwangau	Le Château de Neuschwanstein
Nürnberg	Le Château Impérial de Nuremberg

Schachen	Le Châlet Royal de Schachen
Würzburg	Wurtzbourg, Le Palais des Princes Évêques et les Jardins

Editions avec résumé français:

Bayreuth/Wonsees	Felsengarten Sanspareil - Burg Zwernitz
München	Englischer Garten München

Edizioni Italiane:

Herrenchiemsee	Castello di Herrenchiemsee
Linderhof	Castello di Linderhof
München	Tesoro della Residenz München
	Nymphenburg, II Castello, il Parco e i Castelli del Giardino
Neuschwanstein/Schwangau	Castello di Neuschwanstein
Würzburg	La Residenza di Würzburg e il Giardino di Corte

Japanische Ausgaben:

Herrenchiemsee	Schloß Herrenchiemsee
Linderhof	Schloß Linderhof
München	Nymphenburg
Neuschwanstein/Schwangau	Schloß Neuschwanstein
Würzburg	Residenz Würzburg und Hofgarten

Prospekte und Zeitschriften

Prospekt »**Ansbacher Fayencen**«	DM 1,00
Prospekt »**Nymphenburger Porzellan – Sammlung Bäuml**«	DM 1,50
Prospekt »**Königshaus am Schachen**«	DM 1,50
Prospekt »**Residenz Kempten** (dt., engl.)«	DM 2,00
Prospekt »**Schloß Rosenau**«	DM 2,00
Prospekt »**Schloßpark Linderhof**«	DM 2,00
Zeitschrift »**Vernissage**«, Sonderheft »**Das Bayreuth der Markgräfin Wilhelmine/Schlösserreisen Franken**«	DM 8,00

Museumspädagogische Schriften

Schloß Nymphenburg entdecken (1994)	DM 6,00

Bildhefte der Bayerischen Schlösserverwaltung

Heft 1: *Heym, Sabine:* **Das Alte Residenztheater/Cuvilliés-Theater in München** (dt., engl., frz., ital.); München 1995	DM 15,00
Heft 2: *Heym, Sabine:* **Amadis und Oriane – Im Zauberreich der barocken Oper.** Tapisserien im Neuen Schloß Bayreuth, München 1998	DM 9,00

Reihe »Forschungen zur Kunst- und Kulturgeschichte«

Band I: *Sangl, Sigrid:* **Das Bamberger Hofschreinerhandwerk im 18. Jahrhundert;** München 1990 (kartoniert)	DM 30,00
Band II: *Hojer, Gerhard:* **Die Prunkappartements Ludwigs I. im Königsbau der Münchner Residenz;** München 1992 (kartoniert)	DM 35,00
Band III: *Stierhof Horst H.:* »**das biblisch gemäl**«. Die Kapelle im Ottheinrichsbau des Schlosses Neuburg an der Donau; München 1993 (broschiert)	DM 12,00
Band IV: *Störkel, Arno:* **Christian Friedrich Carl Alexander.** Der letzte Markgraf von Ansbach-Bayreuth; Ansbach 1995 (kartoniert)	DM 30,00
Störkel, Arno: **Christian Friedrich Carl Alexander.** Der letzte Markgraf von Ansbach-Bayreuth, 2. Auflage, im Bildteil ergänzt und erweitert; Ansbach 1998 (kartoniert)	DM 38,00
Band V: *Hojer, Gerhard* (Hrsg.): **Bayerische Schlösser – Bewahren und Erforschen;** München 1996 (kartoniert)	DM 85,00
Band VI: *Toussaint, Ingo:* **Lustgärten um Bayreuth.** Eremitage, Sanspareil und Fantaisie in Beschreibungen aus dem 18. und 19. Jahrhundert; Georg Olms Verlag, Hildesheim 1998 (kartoniert)	DM 68,00

Reihe »Baudokumentationen«

o.Nr.: *Land- und Universitätsbauamt Augsburg im Auftrag der Bayerischen Verwaltung der staatlichen Schlösser, Gärten und Seen* (Hrsg.): **Restaurierung Schloß Höchstädt**, Festschrift zur Fertigstellung des I. Bauabschnitts und zur Eröffnung der Fayencenausstellung am 19. Oktober 1995 (broschiert) DM 6,00

o.Nr.: *Landbauamt Rosenheim im Auftrag der Bayerischen Verwaltung der staatlichen Schlösser, Gärten und Seen* (Hrsg.):: **Wasserspiele Herrenchiemsee,** Festschrift 1994 (broschiert) DM 15,00

Heft 1: *Staatliches Hochbauamt Weilheim im Auftrag der Bayerischen Verwaltung der staatlichen Schlösser, Gärten und Seen* (Hrsg.): **Das Marokkanische Haus im Schloßpark Linderhof.**
- Band I; Bildheft (broschiert) *ca. DM 12,00*
  Erscheinungstermin: Dezember 1998
- Band II; Dokumentation zur Wiedererrichtung und Restaurierung (broschiert) DM 20,00

Ausstellungskataloge und -Broschüren

Bayerische Verwaltung der staatlichen Schlösser, Gärten und Seen (Hrsg.): **200 Jahre Englischer Garten München 1789–1989;** München 1989 (broschiert) DM 4,00

Bayerische Verwaltung der staatlichen Schlösser, Gärten und Seen (Hrsg.): **Hortus Eystettensis – ein vergessener Garten?;** München 1998 (broschiert) DM 8,00

Krückmann, Peter O. (Bearb.): **Carlo Carlone 1686–1775.** Der Ansbacher Auftrag (kartoniert); Arcos/Landshut 1990 DM 37,00
(Buchhandelspreis: DM 79,00)

Krückmann, Peter O. (Hrsg.): **Der Himmel auf Erden – Tiepolo in Würzburg.** Band I Ausstellungskatalog. Band II Aufsätze: Prestel, München/New York 1996 (broschiert) Bd. I: DM 39,00 Bd. II: vergriffen
(Buchhandelspreise/Leinen: Band I DM 78,00; Band II DM 86,00; Band I+II DM 148,00)

Krückmann, Peter O.: **Heaven on Earth – Tiepolo – Masterpieces of the Würzburg Years;** Prestel, München/New York 1996 (broschiert) DM 78,00

Krückmann, Peter O.: **Paradies des Rokoko,**
Band I Das Bayreuth der Markgräfin Wilhelmine Bd. I: DM 39,00
Band II Galli Bibiena und der Musenhof der Wilhelmine von Bayreuth/Ausstellungskatalog; Prestel, München/New York 1998 (broschiert) Bd. II: DM 65,00 Bd. I+II: DM 92,00
(Buchhandelspreise/Leinen: Band I DM 78,00; Band II DM 86,00; Band I+II DM 148,00)

Schmid, Elmar D. und *Sabine Heym* (Bearb.): **Josef Effner 1687–1745**. Bauten für Kurfürst Max Emanuel; München 1987 (broschiert) DM 2,00

Schmid, Elmar D. (Bearb.): **Friedrich Wilhelm Pfeiffer 1822–1891**. Maler der Reitpferde König Ludwigs II.; Bayerland, Dachau 1988 (kartoniert) DM 48,00

Schmid, Elmar D. und *Sabine Heym* (Bearb.): **Mathias und Anna Gasteiger.** Aus einem Münchner Künstlerleben um 1900; Bayerland, Dachau 1985 (broschiert) DM 15,00

Schmid, Elmar D.: **Der Krönungswagen Kaiser Karls VII.** Wahl und Krönung in Frankfurt am Main 1742; Bayerland, Dachau 1992 (broschiert) DM 25,00

Schmid, Elmar D.: **König Ludwig II. im Portrait;** Bayerland, Dachau 1996 (Leinen) DM 68,00

Schmid, Elmar D.: **Julius Exter - Unbekannte Werke aus dem Nachlaß seiner Schülerin Olga Fritz-Zetter;** München 1996 (broschiert) DM 10,00

Schmid, Elmar D.: **Julius Exter - Aufbruch in die Moderne;** Klinkhardt & Biermann, München/Berlin 1998 (broschiert) DM 48,00
(Buchhandelspreis/Leinen: DM 98,00)

Stierhof, Horst H.: **»das biblisch gemäl«.** 450 Jahre Schloßkapelle Neuburg an der Donau; München 1993 (broschiert) DM 5,00

Bestandskataloge

Frosien-Leinz, Heike und *Ellen Weski* (Bearb.): **Das Antiquarium der Münchner Residenz,** Katalog der Skulpturen. 2 Bände; Hirmer, München 1987 (Leinen)
– nur im Buchhandel erhältlich –

Helmberger, Werner und *Valentin Kockel* (Bearb.): **Rom über die Alpen tragen**. Fürsten sammeln antike Architektur. Die Aschaffenburger Korkmodelle; Arcos, Landshut 1993 (kartoniert) DM 35,00
(Buchhandelspreis: DM 59,50)

Hojer, Gerhard (Hrsg.): **König Ludwig II.-Museum Herrenchiemsee, Katalog;** Hirmer, München 1986 (kartoniert) DM 35,00
(Buchhandelspreis: DM 48,00)

Langer, Brigitte: **Die Möbel der Residenz München, Band 1.** Die französischen Möbel des 18. Jahrhunderts, hrsg. von Gerhard Hojer und Hans Ottomeyer; Prestel, München/New York 1995 (broschiert) DM 98,00
(Buchhandelspreis/Leinen: DM 228,00) ab 1.12.1998: DM 118,00!

Langer, Brigitte und *Alexander Herzog von Württemberg:* **Die Möbel der Residenz München, Band 2.** Die deutschen Möbel des 16. bis 18. Jahrhunderts, hrsg. von Gerhard Hojer und Hans Ottomeyer; Prestel, München/New York 1996 (broschiert) DM 98,00
(Buchhandelspreis/Leinen: DM 228,00) ab 1.12.1998: DM 118,00

Langer, Brigitte, Hans Ottomeyer und *Alexander Herzog von Württemberg:* **Die Möbel der Residenz München, Band 3.** Möbel des Empire, Biedermeier und Spätklassizismus, hrsg. von Gerhard Hojer und Hans Ottomeyer; Prestel, München/New York 1997 (broschiert) DM 98,00
(Buchhandelspreis/Leinen: DM 228,00) ab 1.12.1998: DM 118,00!

Miller, Albrecht (Bearb.): **Bayreuther Fayencen;** Arcos, Landshut 1994 (kartoniert) DM 28,00
(Buchhandelspreis: DM 49,80)

Seelig, Lorenz: **Kirchliche Schätze aus bayerischen Schlössern.** Liturgische Gewände und Geräte des 16. bis 19. Jahrhunderts; Deutscher Kunstverlag, Berlin 1984 (broschiert) DM 10,00

Ziffer, Alfred: **Nymphenburger Porzellan.** Die Sammlung Bäuml/ Bäuml Collection; Arnoldsche, Stuttgart 1996 (broschiert) DM 98,00
(Buchhandelspreis/Leinen: DM 148,00)

Weitere Veröffentlichungen

Bayerische Verwaltung der staatlichen Schlösser, Gärten und Seen (Hrsg.): **Vierte Festschrift zum Wiederaufbau der Residenz München;** München 1959 (broschiert) DM 5,00

Bayerische Verwaltung der staatlichen Schlösser, Gärten und Seen (Hrsg.): **Journal der Bayerischen Verwaltung der staatlichen Schlösser Gärten und Seen;** München 1995 (broschiert) DM 10,00

Ermischer, Gerhard: **Schloßarchäologie – Funde zu Schloß Johannisburg in Aschaffenburg;** Museen der Stadt Aschaffenburg/Bayerische Schlösserverwaltung, Aschaffenburg 1996 (kartoniert) DM 48,00

Focht, Josef: **Die musische Aura der Markgräfin Wilhelmine.** Musikinszenierung in der Kunst des Bayreuther Rokoko; Peda, Passau 1998 (broschiert) DM 17,80

Focht, Josef und *Hans Gurski:* **Das Gloria der Engel im Fürststift Kempten.** Musikdarstellungen in der Basilika St. Lorenz und der Residenz; Peda, Passau 1998 (broschiert) DM 17,80

Heym, Sabine: **Feenreich und Ritterwelt – Die Rosenau als Ort romantisch-literarischen Welterlebens.** Sonderdruck aus »Bayerische Schlösser – Bewahren und Erforschen«; München 1996 (broschiert) DM 4,00

Hojer, Gerhard (Hrsg.): **Der Italienische Bau.** Materialien und Untersuchungen zur Stadtresidenz Landshut; Arcos, Landshut 1994 (kartoniert)	DM 38,00
Hojer, Gerhard und *Peter O. Krückmann:* **Neues Schloß Bayreuth, Anton Raphael Mengs: »Königin Semiramis erhält die Nachricht vom Aufstand in Babylon«** (PATRIMONIA 49); Kulturstiftung der Länder und Bayerische Schlösserverwaltung, Berlin/München 1995 (broschiert)	DM 20,00
Kunz-Ott, Hannelore und *Andrea Kluge* (Hrsg.): **150 Jahre Feldherrnhalle.** Lebensraum einer Großstadt; Buchendorfer, München 1994 (broschiert)	DM 25,00
Kutschbach, Doris: **Tiepolo – Eine Reise um die Welt** (aus der Kinderbuch-Reihe »Abenteuer Kunst«); Prestel, München/New York 1996 (kartoniert)	DM 22,80
Langer, Brigitte: **Residenz München, zwei Kommoden des Bernard II Vanrisamburgh** (PATRIMONIA 134); Kulturstiftung der Länder und Bayerische Schlösserverwaltung, Berlin/München 1997 (broschiert)	DM 20,00
Misslbeck-Woesler, Maria: **Die Flora des Englischen Gartens, München 1986** (kartoniert)	DM 15,00
Nadler, Stefan (Bearb.): **Julius Exter.** Ein Chiemseemaler in Feldwies; München 1990 (broschiert)	DM 7,00
Nickl, Peter (Hrsg.): **Parkett.** Historische Holzfußböden und zeitgenössische Parkettkultur; Klinkhardt & Biermann, München/Berlin 1995 (Leinen)	DM 78,00
Schmid, Elmar D.: **Das Exter-Haus** – Ein Künstlersitz am Chiemsee in Übersee-Feldwies; München 1997 (broschiert)	DM 10,00
Schuster, Rainer: **Nymphenburger Porzellan.** Kostbarkeiten aus der Sammlung Bäuml und dem Residenzmuseum München; München 1997 (broschiert)	DM 8,00
Schuster, Rainer: **Nymphenburg Porcelain.** Treasures from the Bäuml Collection and the Residence Museum Munich; München 1997 (broschiert)	DM 8,00
Stierhof, Horst H. (Bearb.): **Das Walhnhaus.** Der italienische Bau der Stadtresidenz Landshut; Landshut 1994 (broschiert)	DM 16,00

Plakate

groß (A 1):

Schlösserland Bayern	DM 7,00
König Ludwig II. (Portrait von Ferdinand Piloty, 1865)	DM 7,00
Nymphenburger Porzellan – Sammlung Bäuml	DM 7,00
Marstallmuseum	DM 7,00
Residenz München	DM 7,00
Schatzkammer der Residenz München	DM 7,00
Schloß Rosenau	DM 7,00
Schloß Ehrenburg Coburg	DM 7,00
Schloß und **Park Schönbusch**	DM 7,00
Bayreuther Fayencen (Sammlung Rummel)	DM 7,00
Landshut: **Burg Trausnitz – Stadtresidenz**	DM 7,00
Residenz Kempten	DM 7,00
Ausstellungsplakat »**Schätze aus Porzellan**«	DM 8,00
Ausstellungsplakat »**Das vergessene Paradies – Das Bayreuth der Markgräfin Wilhelmine**«	DM 7,00
»**Rom über die Alpen tragen**« (Korkmodelle in Schloß Johannisburg)	DM 5,00
Schloßmuseum Neuburg an der Donau	DM 5,00

klein (A 2/A 3)

Korkmodell »**Pantheon**« (Schloß Johannisburg)	DM 5,00
Pompejanum Aschaffenburg	DM 5,00
Neue Residenz Bamberg	DM 5,00
Plan »**Schloßpark Nymphenburg**«	DM 5,00
Ausstellungsplakat »**das biblisch gemäl**« (Schloßkapelle Neuburg)	DM 3,00
Ausstellungsplakat »**von denen schönen Gärten**« (Schloß Fantaisie)	DM 5,00
Ausstellungsplakat »**Hortus Eystettensis**« (Willibaldsburg Eichstätt)	DM 5,00

CD-ROM

Ludwig II. - Ich, der König.	
Leben, Schlösser, Musik, Dynastie, Zeitgeschichte	DM 79,00
Ludwig II - I, the king.	
Life, Castles, Music, Dynasty, Contemporary History	DM 79,00

Videos des Bayerischen Rundfunks

– **Nymphenburg, Schloß und Park** (PAL/dt.; NTSC/engl.)	DM 39,95
– **Die Kaiserburg in Nürnberg** (PAL/dt.)	DM 39,95
– **Die Königsschlösser** (PAL/dt., PAL/engl.; NTSC/engl.)	DM 39,95

Das Video »Die Königsschlösser« gibt es in englischer Sprache in zwei verschiedenen Systemen: im PAL-System (z.B. für Großbritannien und Südafrika) und im NTSC-System (z.B. für USA, Kanada und Japan).

Ausstellungsvideos:

– **»Der Himmel auf Erden« -** Tiepolo in der Würzburger Residenz	DM 39,95
– **»Das vergessene Paradies«** – Galli Bibiena und der Musenhof der Wilhelmine von Bayreuth	DM 29,95

Preise zzgl. Porto und Verpackung,
Bestellungen bitte an:
Bayerische Verwaltung der
staatlichen Schlösser, Gärten und Seen
Postfach 38 01 20, 80614 München
Tel: 089/17908-165; Fax 089/17908-154

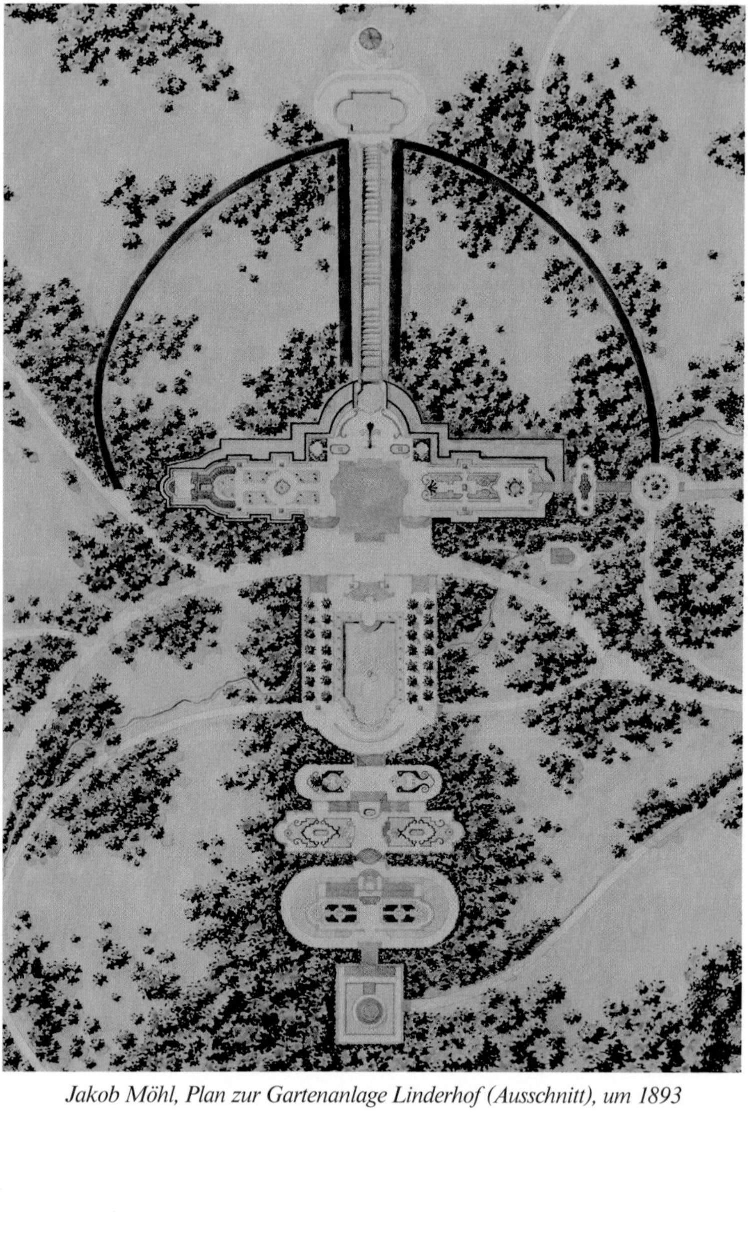

Jakob Möhl, Plan zur Gartenanlage Linderhof (Ausschnitt), um 1893

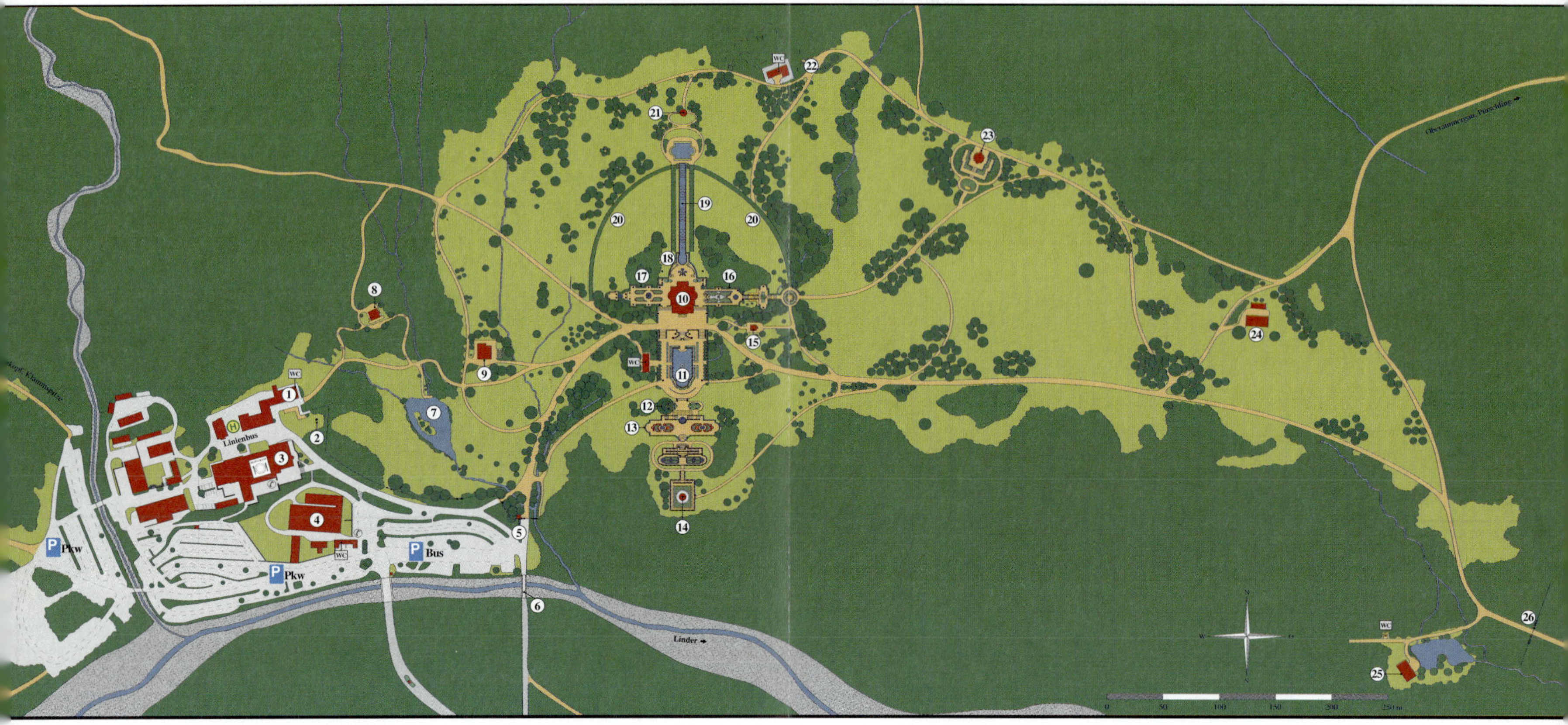

1 Kasse und Verwaltung
2 König Ludwig II.-Büste
3 Ehemaliges Ökonomiegebäude (jetzt Restaurant und Hotel)
4 Gärtnerei
5 Historisches Parktor
6 Historische Brücke
7 Schwanenweiher
8 Marokkanisches Haus
9 Königshäuschen
10 Königsschloß
11 Wasserparterre
12 Königslinde
13 Terrassengärten
14 Venustempel
15 Kapelle
16 Ostparterre
17 Westparterre
18 Neptunbrunnen
19 Kaskade
20 Laubengang
21 Musikpavillon
22 Grotte
23 Maurischer Kiosk
24 Ehemalige Bauhütte
25 Hundinghütte
26 Verbotenes Tor